불안에 사로잡힌 당신에게

불안에 사로잡힌 당신에게

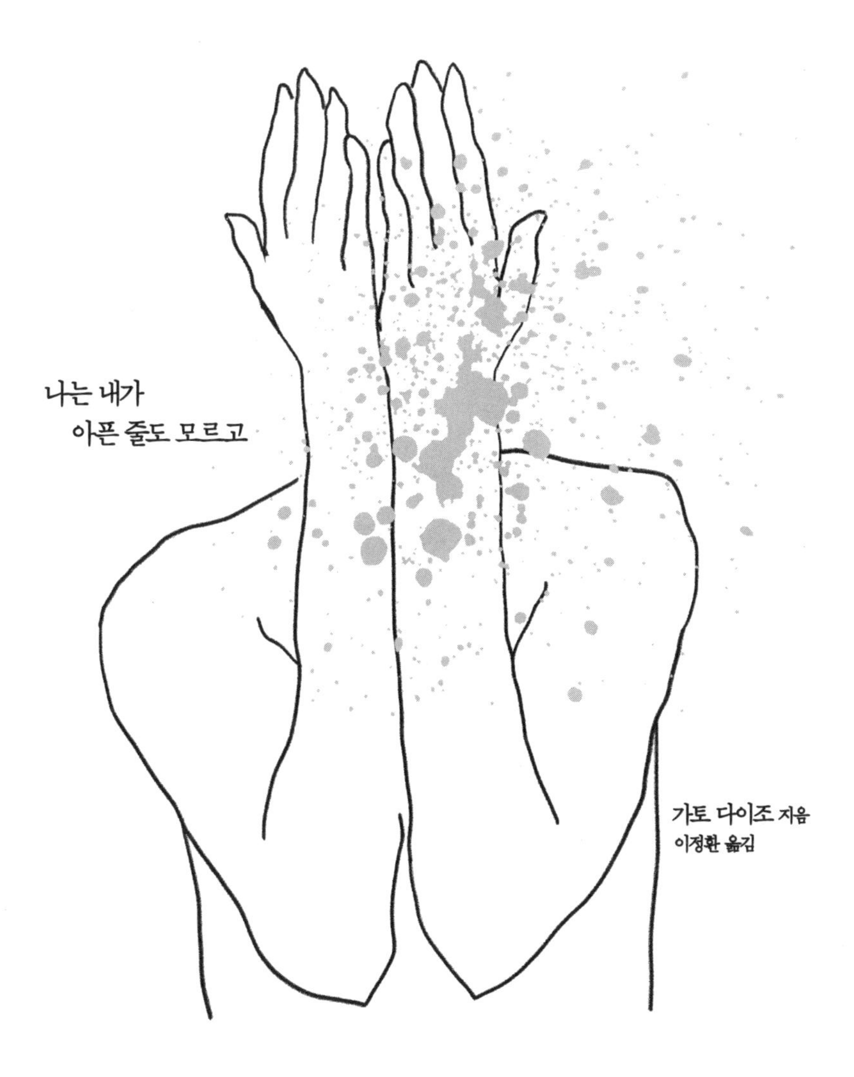

나는 내가
아픈 줄도 모르고

가토 다이조 지음
이정환 옮김

나무생각

들어가는 글

어머니와 안정적인 애착 관계를 가진 사람과 자녀에게 전혀 관심이 없는 어머니 밑에서 자란 사람은 '삶'에 대한 의미가 전혀 다르다. 마찬가지로, 심리적 충족감을 느끼며 살아가는 아버지 밑에서 자란 사람과 마음에 증오만 가득 차 있는 아버지 밑에서 자란 사람도 '삶'을 대하는 태도가 전혀 다르다.

철학적으로 '삶이란 무엇인가?' 하는 문제에 관하여 누구나 한 번쯤 진지하게 생각해 보지만 해답을 얻기는 쉽지 않다. 그러나 개인적인 의미로 '내게 삶이란 무엇인가?' 하는 문제를 생각해 보는 것은, 철학적으로 '삶'에 관하여 생각하는 것만큼 해답을 얻기 어려운 문제는 아니다.

인간은 자신을 먼저 올바르게 이해할 수 있어야 현재의 노력을 행복으로도 연결시킬 수 있다. 자신을 이해하려면 크게 두 가지 사실을 알아야 한다. 첫째는 '무엇을 추구하고 있는가?'이고, 둘째는 '무엇을 가장 두려워하는가?'이다. 이 두 가지 의문에 대한 해답을 확실하게 인식하고 있지 않으면 어떤 길로 가야 하는지도 모른다.

자애로운 어머니 밑에서 자란 사람과 어머니에게 정서적 학대를 당하면서 자란 사람이 받아들이는 '삶'에 대한 의미는 전혀 다르다는 사실을 기본적으로 이해해야 한다. 예를 들어, 자녀에게 전혀 관심이 없는 어머니 밑에서 자란 사람의 심리적 공허는 말로 다 표현할 수 없을 정도로 심각하다. 고독에 대한 공포 역시 마찬가지다.

이런 사람에게 가장 필요한 것은 채워지지 않는 공허함이나 고독에 대한 공포를 없애는 것이다. 표면적으로 이상이나 정의를 외치며 공허함이나 공포를 외면하면 당장은 심리적으로 편할 수 있다. 하지만 자신이 끌어안고 있는 문제를 외면함으로써 치러야 하는 대가는 너무 크다.

현실을 외면한 결과는 대인공포증, 의존증(중독), 우울증, 자율신경 기능 이상, 노이로제(신경증) 등 다양한 심리적 질병으로 나타나고, 그로 인하여 엄청난 고통을 받게 된다.

자신에게 결여된 부분을 우선적으로 충족시키는 것이 '가장 자기답게 살아가는 방법'이라고 받아들이지 않는 한, 고독에 대한 공포와 공허함에서 벗어나기는 어렵다. 즉, 철학적으로 '삶이란 무엇인가?' 하는 질문에 대한 해답은 찾지 못하더라도 '내게 삶이란 무엇인가?' 하는 질문에 대해서는 자신의 내부에 존재하는 공허함이나 공포를 담대하게 바라보고, 부족한 부분을 충족시켜야 한다.

자신이 무엇을 두려워하고, 무엇을 진정으로 원하는지 이해할 수 있어야 현재의 자신의 위치도 올바르게 이해할 수 있다. '자신의 위치'를 올바르게 이해한다는 것은, 심리적으로나 사회적으로 자신이 어떤 상황에 놓여 있는지 정확하게 파악하는 것이다.

이 위치 인식을 바탕으로, 행복해지기 위해 현재 부족한 부분들을 어떤 방법으로 메울 것인가를 생각할 때 '의지'가 발생한다. 올바른 상황 판단을 하지 못하면 올바른 의지가 발생하지 않는다. 자신의 위치를 이해하는 것은 다른 의미에서 보면 자아를 확립하는 것과도 같다. 자신의 위치를 올바르게 인식하지 못한 상태에서 강한 의지만 내세우면 사회적으로나 심리적으로 좌절감을 느낄 가능성이 높다.

자신의 위치를 올바르게 이해하지 못하는 이유는 '현실적인 자신'을 무시하고 외면하기 때문이다. 예를 들어, 현실적인 자신이 사회적으로는 성인이지만 심리적으로는 유아나 다름없다는 사실을 정확하게 인식하는 사람은 자신의 위치를 이해하고 있는 것이다.

현실적인 자신에 대해 올바르게 인식하고 있는 사람에게는 행복하기 위해 어떤 길을 선택해야 하는지에 대한 해답이 보인다. 그러나 현실적인 자신을 무시하고 비현실적인 일을 시도하는 사람은 좌절감만 느낀다.

정서적으로 성숙하지 못한 사람은 사회적으로 리더가 된다고 해도 그 내면세계는 더욱 파멸될 뿐이다. 예를 들어 정치가로서 성공을 거두었지만 알코올의존증을 앓고 있는 사람들, 사회적으로 엘리트 코스를 밟고 있지만 가정에서 배우자를 폭행하는 사람들이 여기에 해당한다. 이들은 사회적으로 성공을 거두기는 했지만 자신의 원점을 잊어버리고 살아간다. 동독과 서독이 통일되면서 동독에서 일하던 노동자들의 생활수준이 급상승했다. 하지만 그에 비하여 행복 수준은 크게 떨어졌다. 그들이 서독에서 계속 살아온 사람들과 자신들의 생활수준을 비교하게 되었기 때문이다.•

• Richard Layard, *Happiness*, The Penguin Press, 2005, p.45.

지금은 누구나 '세계화 시대'에 살고 있다고 느낄 정도로 전 세계의 다양한 정보를 손쉽게 얻을 수 있다. 그로 인해 자신의 위치를 망각하고 세계로만 눈길을 돌리면서 여러 가지 부작용이 생기기도 한다. 정보통신 네트워크가 일상생활에 막대한 영향을 끼치는 시대이니만큼 자신의 위치를 더욱더 똑바로 인식해야 한다. 이런 인식이야말로 현시대를 행복하게 살기 위해서는 절대로 빼놓을 수 없는 부분이다.

그렇지 않을 경우 다른 사람의 시선이나 정보에 자신의 인생을 맞추며 살아가게 된다. 즉, 다른 사람에 의해 휘둘리는 인생을 사는 것이다. 이런 사람은 자신을 둘러싼 주변 상황이 아무리 좋아진다고 해도 그것만으로는 행복해질 수 없다.

동독의 노동자들도 "독일의 통일은 내게 물질적으로 행운을 안겨주었지만 나의 원점은 동독에 있다."는 사실을 정확하게 인식했다면 통일 전보다 행복했을 것이다. 통일을 했다고 동독과 서독이 단번에 같은 생활수준에 이를 수는 없다. 어떤 일이건 시간이 걸린다. 복권에 당첨되었는데 불행해지는 사람도 마찬가지다. 갑자기 큰돈이 들어오면 자신의 원점을 잊어버리기 쉽다.

미국의 ABC 방송이 1998년 1월에 '행복의 신비'라는 특집 프로그램을 방영했다. 내게는 매우 흥미 있는 프로그램이었다. 특히 복권에 당첨된 사람들을 인터뷰하는 장면이 시선을 사로잡았다. 복권에 당첨된 대부분의 사람들에게서 행복한 표정 대신 왠지 모르게 어두운 분위기가 풍겼다. 진행자는 복권에 당첨된 사람들을 조사하는 과정에서 당첨되기 전보다 더 불행해진 사람이 많다는 사실을 알게 되었다고 설명했다. 어떤 사람은 복권에 당첨되었을 때 한동안 꿈을 꾸는 듯한 기분이었는데, 결국 부인과 이혼하고 큰돈을 들이며 재혼을 했다가 그나마 5년을 살지 못하고 다시 이혼했다고 고백했다.

어떤 사람은 진행자에게 "당신은 몇 벌의 옷이 있습니까?", "몇 개의 모자를 가지고 있습니까?" 같은 질문만 던졌다. 물질에 휘둘리면서 삶에서 중요한 부분이 무엇인지 인식하는 총체적 감각이 마비된 것이다. 결국 그 사람도 복권에 당첨된 지 2년 만에 배우자와 이혼했다.

> 사람은 행복해지기 위해 살아가는 것이 아니다. 자신의 운명을 성취하기 위해 살아가는 것이다.

내가 젊은 시절에 읽은 《장 크리스토프》에 나오는 말이다. 예민한 신경을 가지고 태어나는 사람도 있고, 둔감한 신경을 가지고 태어나는 사람도 있다. 따라서 각자에게 어울리는 운명을 성취하기 위해 살아가는 것이 결국 행복한 인생을 살 수 있는 길을 열어준다.

성장 환경이 나빠 주변 세계에 두려움을 느끼는 경향이 강한 사람이 있다. 심각한 열등감에 사로잡혀 불안해하는 사람도 있다. 그런 사람들에게 '삶'은 숙명적으로 짊어진 마이너스적 측면을 하나씩 해결해 나가는 것이다. 그것이 자신의 운명을 성취하는 방법이고, '자기답게' 살아가는 방법이다.

겁이 많은 사람은 고민을 현미경으로 들여다보기 때문에 사소한 문제에도 즉시 공황 상태에 빠지고, 별것 아닌 문제를 크게 부풀려 생각하며 요란을 떨기도 한다. 이 경우, 자신의 마음을 진지하게 들여다보고 마이너스적 측면을 간파하여 하나씩 꾸준히 메워나가는 것이 가장 '자기답게' 살아가는 방법이다. 자신의 위치를 올바르게 이해하고 어떻게 살아가야 할 것인지 그 방법을 모색하다 보면 자기 개혁을 이룰 수 있는 긍정적인 에너지가 발생할 것이다.

스스로를 분석할 줄 모르는 사람은 아무리 나이를 먹어도 자신의 위치를 이해하지 못한다. 이제껏 자신의 의지로 인생을 선택한 적이 없고, 자신이 그렇게 살아왔다는 사실조차 모르기 때문이다.

애정 결핍 상태로 성장한 사람은 사람들에게 사랑받기 위해 상대방의 기대에 무조건적으로 부응하려 한다. 또는 반발하면서 기대에 부응하지 못한 이유와 변명을 늘어놓는다. 그런 삶에는 본인의 의지가 바탕이 된 선택은 존재하지 않는다. 어떤 일을 하는 과정에서 느낄 수 있는 잔잔한 기쁨도 존재하지 않는다. 오직 결과만을 중시한다.

그런 사람은 아무리 좋은 대학, 좋은 회사를 다녀도 가슴에 남는 아름다운 기억이 없다. 단지 유명하다는 이유만으로 대학이나 회사를 선택했기 때문이다. 즉, 삶의 기준이 '나'가 아니라 '타인'이다. 그래서 대기업이나 유명한 회사에 입사한 뒤에 우울증에 걸리거나 그런 회사에 들어가지 못해서 무력감에 사로잡혀 좌절하는 것이다.

자신의 위치를 올바르게 이해하고 자신의 의지를 바탕으로 인생을 선택해 온 경우에는 다르다. 그런 사람은 인생을 돌이켜 보았을 때 성공이나 실패와 관계없이 아름다운 기억들이 떠오른다. 또 "그때 이렇게 하기를 정말 잘했어."라는 식으로 자신을 자랑스럽게 여긴다.

'잊을 수 없는 기억'이 있다는 것은 자신의 의지를 바탕으로 인생을 선택해 왔다는 뜻이다. 어떤 고령자에게 "지금까지의 인생에서 잊을 수 없는 기억은 무엇입니까?"라는 질문을 했더니 처음으로 부모님의 집을 나와 독립했을 때라고 대답했다. 그 이전의 일은 그다지 기억에 남지 않는다고 했다. 집을 나와 독립을 한 것이 자신의 의지로 한, 자신의 선택이기 때문에 강렬하게 각인되어 있는 것이다.

개인의 심리적 자립은, 국가로 비유하면 독립 전쟁과 비슷하다. 애정이 부족한 가정에서 벗어나 스스로 생활하기 시작한 것도 독립 전쟁이라 할 수 있다. 애정이 부족한 환경이었지만 그런대로 무난하게 성장했다면 '독립 전쟁에서 승리를 거두었기 때문에 지금까지 잘 살고 있는 것'이라는 자긍심을 가져도 된다.

사회적으로 성공한 사람이 반드시 '인생'에서도 훌륭한 사람은 아니다. 사회적으로 성공하지 않은 사람이라고 해도 훌륭한 '인생'을 사는 사람은 얼마든지 있다. 소셜미디어와 같은 정보통신 네트워크가 폭발적으로 퍼져나가고 있는 지금, 다른 사람에게 휘둘리지 않고 살아가려면 자신의 위치를 확실하게 이해하고 있어야 한다. 지금은 그 어떤 때보다 이러한 인식이 매우 중요하다.

이 책에서는 사람들의 시선이나 정보에 휘둘리지 않고 살아가려면 어떻게 해야 좋을지를 중점적으로 생각해 보고자 한다. 사회나 경제의 세계화가 진행될수록 자신의 '인생의 축'을 보다 확실하게 구축하고 유지해야 한다. 정보량이 급증하는 지금, 자신의 위치를 올바르게 이해하지 못하는 사람은 아무리 노력한다 하더라도 시간이 흐를수록 불행해지기만 할 뿐이다.

가토 다이조

차례

들어가는 글 4

1장 눈에 보이지 않는 심리적 핸디캡

행복한 사람, 불행한 사람 20
애정 결핍이라는 핸디캡 24
자신의 위치를 올바르게 이해한다 28
심리적 핸디캡은 당신 탓이 아니다 34
운명을 받아들이면 편해진다 40
자신의 약점을 받아들인다 44
그릇된 노력은 자신을 궁지로 몰아넣는다 49
장미와 맨드라미가 다르듯 자신과 타인도 다르다 55

2장 좌절뿐인 열등감의 굴레에서 벗어나기

다른 사람보다 나아진다고 행복해지지 않는다 62
자신이 살아가는 세계에서 도망치면 안 된다 69
잘못된 노력을 하고 있는 것은 아닌가 73
타인에 대한 경멸은 자기 증오를 나타낸다 77
열등감이 강하면 무리한 행동을 한다 81
자신에게 거짓말을 하면 자립할 수 없다 85
현실을 받아들이면 새로운 길이 보인다 89

3장 불안한 인간관계의 출발점 찾기

사랑받지 못했을 때 어떻게 하는가 94
바람이 현실을 보는 눈을 일그러뜨린다 99
사랑받고 싶다는 욕구 105
학대를 받아도 '좋은 부모'라고 말하는 심리 108
사람들에게 잘 보이고 싶은 욕구 111
의식과 무의식의 모순 114
인간관계에서는 거리감이 중요하다 118
진정한 친구인가, 환상 속의 친구인가 123
마음이 약하기 때문에 무장한다 126
자기밖에 모르는 사람 130
문제는 자신의 위치를 모른다는 것 134
자기 집착이 강하면 다른 사람이 보이지 않는다 139
자신의 위치를 모르는 사람은 독선적이다 142
있는 그대로의 자신을 인정하면 평온이 찾아온다 146
과거를 받아들여야 과거에서 해방된다 151

4장 평범한 행복을 지탱하는 마음의 품격

미래보다 지금 해야 할 일을 생각한다 156
현실을 인식하면 길이 열린다 159
불행해지는 전형적인 타입 163
가지고 있지 않은 것에 얽매이는 이유 169
작은 것에 만족 못 하면 큰 것에도 만족 못 한다 173
평범한 행복을 지탱해 주는 것 177
마음가짐이 행복과 불행을 결정한다 180
감사할 줄 아는 사람, 감사할 줄 모르는 사람 185
인간적인 교류가 삶의 의미를 안겨준다 189
마음의 품격이 행복을 가져다준다 191
자기 멸시와 자아도취 195
열등감이 안겨주는 것 199
꾸준한 노력 덕분에 평범한 일상을 보낸다 203
일상의 축적이 행복을 낳는다 207
현재의 고통에서 벗어날 방법은 반드시 있다 211

5장 불안을 밀어내고 나답게 사는 법을 찾다

불안에 사로잡히면 노력 없이 행복하길 바란다 216
되는 일이 없다고 불평을 하는 사람 220
마음의 갑옷을 벗어던진다 224
공허함을 느끼는 이유 228
배려하는 마음이 행복을 가져온다 232
계획을 가지고 살아간다 235
성과를 얻으려고 서두르면 모든 것을 잃는다 239
다른 사람의 시선을 의식하지 않는다 242
자신을 소중하게 여기는 태도 245
불만은 밀어내고 현재에 감사한다 248
최선을 다하면 납득할 수 있다 252
베스트가 아닌 베타를 바란다 254

마치는 글 258

1장

눈에 보이지 않는
심리적 핸디캡

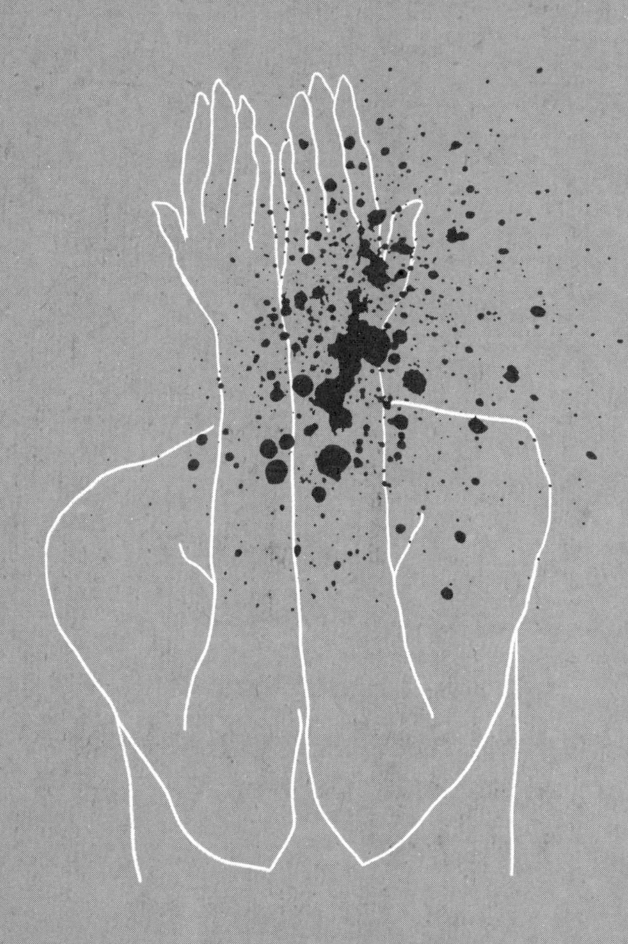

행복한 사람, 불행한 사람

인간의 행복과 불행에 결정적인 영향을 끼치는 것은 의존심이다. 의존심은 본질적으로 '어머니다운 어머니'를 갈망하는 마음이다.

"돈이 저렇게 많은데 가난한 사람의 마음을 이해할 수 있을까?" 하는 말을 들을 때가 있다. 미국의 대통령 후보가 부유층인 경우에는 선거전에서 상대 후보로부터 "돈이 저렇게 많은 사람이 서민의 마음을 이해할 수 있겠습니까?"라는 식의 공격을 받는다. 또한 "남자의 마음은 남자가 아니면 이해할 수 없다."는 말도 있다. 여자는 남자의 마음을 이해할 수 없다는 뜻이다.

하지만 부모에게 사랑을 받으며 자란 사람에게 "부모에게 사랑을 받지 못한 사람의 마음을 이해할 수 있겠습니까?"라고 반박하는 말은 거의 들을 수 없다. 애정 결핍이란 돈의 있고 없음, 남녀의 성향 차이 이상으로 상호 간에 이해하기 어려운 문제이기 때문이다. 눈에 보이지 않는 부분이기에 그 차이가 얼마나 큰 것인지 이해하기는 더더욱 어렵다.

또 다른 문제도 있다. 철이 들 무렵에 어머니의 부재를 경험한 사람은, 어머니의 부재로 인해 그 사랑을 경험하지 못했다는 자신의 위치를 잘 이해하고 있다. 보통은 그로 인해 생긴 약점도 충분히 파악하고 있고, 그에 따른 삶에 대한 각오도 갖추어져 있다.

하지만 어머니가 곁에 있어도 심리적 의미에서 어머니와의 관계가 타인과 같아서 모성애를 충분히 경험하지 못한 사람도 있다. 이들이 스스로 그 사실을 인식하지 못하고 있다면 자신의 위치를 오해하기 쉽다.

어린 시절 어머니에 의해 충족되어야 할 부분이 전혀 충족되어 있지 않은데, '내게는 어머니다운 어머니가 없었다'는 사실에서 기인한 심리적 결핍을 인식하지 못하는 것이다.

자녀에게 관심이 없는 어머니는 이름만 어머니이고 실질적으로는 타인이나 마찬가지이지만 '내게는 어머니가 있다'고 착각하며 살아가는 이들이 있다. 하지만 이들에게 진정한 의미에서의 어머니는 존재하지 않는다.

앞에서도 설명한 바와 같이 '내게는 어머니다운 어머니가 없다'는 사실을 인식하고 자란 사람은 인생에 대한 각오가 갖추어져 있다. 그러나 진정한 의미에서의 어머니가 없었음에도 형식적인 어머니를 진정한 의미에서의 어머니라고 여기고, '내게는 어머니가 있다'고 생각하면서 자란 사람은 인생에 대한 각오가 갖추어져 있지 않다. 따라서 그는 응석과 의존심으로 똘똘 뭉쳐 무기력한 사람으로 자란다. 이것이 자신의 위치를 올바르게 이해하지 못하는 사람의 착각에서 비롯된 문제다.

두 사람은 당연히 삶에 대한 자세가 다르다. 비극이 발생하는 쪽은 후자다. 아무리 노력을 해도 인생이 뜻대로 풀리지 않는다. 그래서 이유도 모른 채 매일 욕구불만으로 가득 찬 생활을 하게 된다. 자신이 할 수 있는 일을 찾아 최선을 다하지만 아무리 노력해도 마음은 늘 무겁기만 하다. 힘들고 지쳐서 울고 싶어진다. 노력을 하면 할수록 앞에 보이는 것은 고통스러운 지옥이다.

어머니에게 정서적으로나 육체적으로 학대를 당하면서 자란 사람도 있다. 이들은 뜻밖에도 자신의 위치를 정확하게 인식하고 있다. 어머니는 자신을 학대한 사람이라는 사실을 잘 알고 있기 때문이다.

따라서 자신은 심리적 문제를 끌어안고 있으며, 어머니를 통해서 충족되어야 할 부분들이 충족되지 않아 정서적으로 결함이 있다는 사실을 인지하고 있다. 이런 사람 역시 자신의 위치를 올바르게 이해하고 있는 것이다.

가장 큰 문제를 가진 사람은 어머니에게 학대를 당하면서 자랐지만 "우리 어머니는 좋은 어머니야."라고 주장하는 사람이다. 이들은 자신의 위치 또한 오해하기 쉽다.

자신의 위치를 올바르게 알지 못하는 사람은 아무리 열심히 노력해도 행복을 거머쥐기 어렵다.

애정 결핍이라는 핸디캡

국제 운동경기에서는 육체적인 차이를 기준으로 올림픽과 패럴림픽이 존재한다. 육체적 핸디캡이 있어서 패럴림픽에 출전하는 사람은 올림픽에 출전하지 않는다.

그러나 심리적으로는 전혀 다른 현상이 발생한다. 자신이 심리적 핸디캡을 짊어지고 있다는 사실을 잊고 심리적 핸디캡이 없는 사람과 대등하게 경쟁하려 하는 사람들이 있는 것이다.

신경증neurosis 환자가 자신이 할 수 있는 일을 배제하고 불가능한 일을 하려는 것도 이 때문이다. 패럴림픽에 출전하려 하지 않고 올림픽에 출전하려 하는 것과 마찬가지다. 당연히 출전할 수 없다.

부모가 서로를 사랑하는 모습을 보면서 성장한 사람과 아버지가 어머니에게 폭력을 휘두르는 모습을 보면서 마음을 졸이며 성장한 사람의 자아 확립 수준은 같을 수 없다. 열등감이 심해서 자녀를 학대하는 어머니 밑에서 성장한 사람과 어머니다운 어머니 밑에서 성장한 사람의 심리적 능력도 같을 리 없다. 부모에게 학대를 받으며 성장한 사람과 격려를 받으며 성장한 사람의 정서가 비슷한 수준으로 성숙할 리는 없는 것이다.

육체적 핸디캡은 눈에 보이지만 심리적 핸디캡은 눈에 보이지 않기 때문에 대부분은 자신이 심리적 핸디캡을 짊어지고 있다는 사실을 이해하지 못해서 오해가 발생한다. 부모에게서 물려받을 재산이 없다는 것을 두려워하는 사람도 있지만, 사실 부모에게 충분한 사랑을 받지 못한 것과 비교하면 재산 따위는 아무것도 아니다. 무시할 수도 있을 정도의 비중이다.

자신이 애정 결핍이라는 사실을 받아들이지 않는 사람은 자신의 위치를 올바르게 이해하지 못하기 때문에 심리적으로 건강한 사람과 똑같이 행동하려 한다.

용기 있게 인생을 헤쳐 나가려고 하고, 숙면을 취하려 하고, 긍정적으로 살기 위해 노력한다. 또 스스로에게 역경을 초월해서 능력을 발휘할 수 있다는 기대를 가지고, 인간관계를 즐겁고 원만하게 유지하려 애쓰고, 에너지가 넘치는 사람으로 보이려고 한다.

하지만 이것은 불가능한 일이다. 마치 갓난아이가 올림픽에 출전해서 마라톤 선수와 시합을 하겠다고 덤벼드는 것과 같은 이치다. 바로 그 때문에 불행해진다. 행복해지려면 '자신에게 주어진 운명을 직시하고 그에 걸맞게' 살아야 한다.

자신의 원점을 파악하고 거기에서부터 시작해야 비로소 있는 그대로의 자신을 받아들일 수 있다.

부모가 신경증에 걸린 사람이라 충분한 사랑을 받지 못했는데, 부모로부터 충분한 애정을 받고 자란 사람과 같은 수준의 심리적 성장을 했다고 기대할 수는 없다. 그들과 비슷한 수준의 심리적 안정을 추구하거나 그들과 같은 수준의 편안하고 안정된 생활을 추구하는 것은 무리다.

부모가 신경증에 걸린 사람이라면 그 자녀 역시 심리적으로 건강한 사람이 아니다. 무의식으로 문제를 끌어안고 있기 때문에 아무리 열심히 노력해도 행복해지기가 쉽지 않다. 따라서 먼저 자신의 원점을 이해하고 성장 과정을 되돌아본 이후에 그 기준에 맞추어 자신에게 어떤 것을 기대할 수 있는지 생각하고, 자신에게 어울리는 것들을 추구해야 한다. 그것이 자신의 위치를 올바르게 이해하는 행동이다.

사람은 생물적으로 완전히 무력한 상태로 태어나기 때문에 주변 사람들에게 의지하지 않을 수 없다. 생물적인 의존기가 지나면 이번에는 사회적으로 주변에 의존해야 한다. 사람은 세상에 태어나면 오랜 기간에 걸쳐 주변 사람들에게 의존하면서 사는데, 그 긴 의존기 동안에 주변에 어떤 사람들이 있었는가 하는 것이 자아 확립에 결정적이고 강한 영향을 끼친다.

사람의 심리는 의존기를 통하여 형성된다고 해도 과언이 아니다. 사랑이 가득한 가정에서 성장한 사람도 있고, 애정 결핍이라는 불행한 환경에서 성장한 사람도 있다. 먼저 그 부분을 분명하게 자각해야 자신의 위치를 올바르게 이해할 수 있다.

여기에서 말하는 '자신의 위치'에는 심리적 위치, 사회적 위치, 육체적 위치가 존재한다. 이 가운데 사회적 위치와 육체적 위치는 눈에 보이지만 심리적 위치는 눈에 보이지 않기 때문에 특히 주의를 기울여야 한다.

자신의 위치를 올바르게 이해한다

인생에 대한 불안에 사로잡힌 사람은 자신의 위치를 올바르게 이해하지 못하고 있는 경우가 많다.

여기에서 '자신의 위치를 이해하지 못한다'는 것은 어떤 의미일까? 손자와 자신의 관계를 착각하는 할머니를 예로 들어보자. 손자와 가장 가까운 사람은 그 어머니다. 자신과 손자의 관계는 '할머니와 손자'의 관계일 뿐, 자녀와 어머니의 관계는 아니다. 하지만 할머니와 아이 어머니의 관계가 나빠지면, 즉 자신과 며느리의 관계가 나빠지면 할머니는 착각을 하기 시작한다. 자신이 손자와 가장 가까운 관계이고, 며느리보다 자신이 더 손자와 가깝다고 생각하는 것이다. 즉, '손자의 입장에서 볼 때 가장 가까운 사람은 누구인가?' 하는 사실을 이해하지 못한다.

이것이 자신의 위치를 올바르게 이해하지 못하는 사람의 사고방식이다. 그런 오해로 인해 며느리와의 관계가 더욱 악화되기 쉽다. 상대와의 거리를 이해하는 태도는 어려운 문제를 해결할 때뿐만 아니라 상대를 배려할 때에도 매우 중요하다.

물론 실제로 손자와 할머니의 관계가 자녀와 어머니의 관계보다 더 가까운 경우도 있다. 그러나 일반적으로 생각할 때 손자와 가장 가까운 사람은 당연히 그 어머니다.

좀 더 이해하기 쉬운 예를 들어보자. 어제 알게 된 사람이 어린 시절 소꿉친구 같은 태도로 대화를 건넨다면 상대는 어떻게 받아들일까? 당연히 기분이 떨떠름할 것이다.

인간관계에는 제각기 그 깊이에 따른 거리라는 것이 있다. 그 사람과 자신이 어느 정도의 관계인지를 먼저 생각한 이후에 그에 걸맞은 거리로 대해야 한다.

상대방이 자신과 금전적 거래만 하는 사람인지, 어느 정도 사적인 친분과 친밀감이 형성되어 있는 사람인지, 아니면 얼굴만 알고 지내는 사이인지, 그런 친밀한 정도를 이해하는 것이 인간관계의 거리감을 잘 이해하는 사람의 태도다.

멀리 있는 사람에게 말을 걸 때에는 큰 소리를 내야 한다. 강의가 끝난 다음에 학생이 질문을 하는데 목소리가 작아 알아들을 수 없는 경우가 있다. 그 학생은 그렇게 작은 목소리는 상대에게 전달되지 않는다는 사실을 생각하지 못하고 있다. 즉, 상대의 입장을 생각하지 않는 것이다. 아니, 그 이전에 자신이 지금 멀리 있는 상대에게 말을 하고 있다는 사실조차 인식하지 못하고 있다. 그저 나오는 대로 중얼거릴 뿐이다. 고민에 사로잡힌 사람이 상담을 하겠다면서 자신의 상황만 장황하게 늘어놓는 것과 다르지 않다.

불평을 늘어놓을 만큼 친숙한 관계가 아닌데 불평을 늘어놓는다면 상대는 당연히 싫어할 것이다. 상대와의 거리를 생각하지 않고 불평을 늘어놓는 이들은 자신이 상대를 가깝게 느끼면 상대에게도 자신이 가까운 존재일 것이라고 생각한다. 자신이 가깝게 지내고 싶은 사람이라고 생각하면 당연히 상대 역시 그렇게 생각할 것이라고 오해한다. 이런 행동은 자신의 기대를 상대에게 외재화外在化, externalization하기 때문에 나타난다. 즉, 상대를 통하여 자신의 바람을 확인하는 것이다. 그럴 경우 당연히 문제가 발생한다.

고민에 빠진 사람들은 대부분 자신의 고민이 상대와는 아무런 관계가 없다는 사실을 이해하지 못한다. 자신이 고민을 얘기하려고 일부러 먼 곳까지 달려왔다고 해도 그 사실이 상대와는 아무런 관계가 없는 독선적 행위라는 사실을 모르는 것이다. 그렇기 때문에 상대가 살갑지 않게 대하면 "나는 이렇게 힘들게 찾아왔는데……." 하면서 화를 낸다.

자신이 얼마나 힘들게 찾아왔건, 얼마나 어렵게 이야기를 꺼냈건 그런 독선적인 행동이 상대의 반응과 무슨 관계가 있을까? 이런 단순한 사실조차 그들은 이해하지 못한다. 인간관계에서의 거리감을 제대로 인지하지 못하기 때문이다.

이런 사람은 상대의 입장에서 자신을 바라볼 줄 모르기 때문에 지구가 자신을 중심으로 돌아간다고 착각한다.

중학교 씨름부 학생이 천하장사 같은 태도로 주변 사람들을 대한다면 주변 사람들은 어떤 반응을 보일까? 신입 사원이 사장 같은 태도로 거래처 사람을 대한다면 상대가 어떻게 받아들일까? 어제 알게 된 이성과 대화를 나누면서 오랜 시간을 함께 보낸 연인 같은 표정을 짓는다면 상대는 어떻게 생각할까? 이십대 청년이 노년의 스님을 상대로 인생론을 펼친다면 스님이 어떻게 생각할까?

자신의 위치를 이해하지 못하는 사람은 결혼을 해서 자녀를 두어도 독신 시절과 마찬가지로 행동한다.

반려동물을 키우는 사람의 경우도 있다. 반려동물을 키우고 말고는 각자의 자유다. 하지만 반려동물을 키우기 시작한 순간 개인의 생활은 제약을 받는다. 그런데도 반려동물을 키우면서 그렇지 않은 사람과 마찬가지로 생활하려는 사람 역시 자신의 위치를 이해하지 못하는 사람이다.

공휴일에 반려견을 산책시키고 있는 사람을 만났는데, 그는 웃으며 "저한테는 공휴일이 없어요."라고 말했다. 이 사람은 반려견을 키우고 있는 자신의 위치를 이해하고 있는 사람이다.

거액의 연봉을 받는 것도 아닌데, 돈이 넘치는 사람처럼 최고급 상점만 드나든다면 점원들이 그 사람을 어떻게 대할까? 유학생이 원어민을 흉내 내어 과장된 발음으로 외국어를 구사하려 한다면 주변 사람들의 눈에 어떻게 비칠 것인가?

이런 모든 것들이 자신의 위치를 올바르게 이해하지 못하는 사람들의 행동이다.

누구나 본인에게 어울리는 운명이 있다. 그 결과, 현재의 '나'가 존재하는 것이다. 그런 자신의 위치를 올바르게 이해하지 못하기 때문에 불안에 사로잡히는 사람이 정말 많다. 그들은 늘 할 수 없는 일을 하려고 애쓰다가 일이 뜻대로 풀리지 않으면 불안해하거나 크게 좌절한다.

예를 들어, 당뇨병에 걸린 사람이 스테이크를 먹고 싶다고 말한다고 생각해 보자. 그는 현재 자신이 해야 할 일이 무엇인지조차 파악하지 못하고 있는 사람이다. 당뇨병에 걸렸다면 당뇨병을 치료하는 것이 무엇보다 시급한 문제이지만, 치료를 할 생각은 하지 않고 먹고 싶은 음식을 먹을 수 없다는 데에 불평이나 늘어놓는 것이다.

현실적인 문제를 해결할 수 있는 방법을 진지하게 생각하고 하나하나 처리하다 보면 자연스럽게 자신의 위치를 이해할 수 있다.

심리적 핸디캡은 당신 탓이 아니다

앞에서 말했듯, 육체적 핸디캡을 짊어지고 있는 사람은 올림픽 마라톤에 출전하지 않는다. 하지만 심리적 핸디캡을 짊어지고 있는 사람은 태연히 그런 행동을 한다. 물론 심리적 핸디캡은 그 사람의 책임이 아니다. 세상에 태어나 보니까 부모가 심각한 신경증 환자였을 뿐이다.

그런 환경에서 자란다면 당연히 심리적으로 건강하게 성장하기 어렵다. 따라서 자신이 심리적 핸디캡을 짊어지고 있다는 사실을 자각하고, 주어진 운명에 정면으로 맞서야 한다. 자신이 낯을 가린다고 해서 커뮤니케이션 능력이 좋은 사람을 부러워하며 일생을 보낼 필요는 없다.

보호자로서의 역할을 다하는 어머니 밑에서 자란 사람도 있고, 감정 기복이 심한 어머니에게 심리적 학대를 받으며 성장한 사람도 있다. 두 사람이 똑같은 사람일 수 없다. 따라서 "나는 낯을 많이 가리는 편이야. 그게 나야."라는 자각부터 가져야 한다.

사람들과 함께 지내는 것을 좋아하는 사람은 대개 사람을 좋아하는 편이다. 그러나 나는 '나'일 뿐이다. 인간관계를 그렇게 풀어가는 사람도 있고, '나'처럼 풀어가는 사람도 있는 것이다. 그렇기 때문에 커뮤니케이션 능력이 뛰어난 사람을 부러워할 필요는 전혀 없다.

짐바르도Philip G. Zimbardo는 그의 저서에서 극도로 수줍음을 많이 타는 사람에 관하여 다음과 같이 말하고 있다.

> 외부에 존재하는 모든 사람, 심지어 어머니조차도 그에게는 잠재적인 종교 재판장이다.•

이렇게 냉정한 어머니 밑에서 자란 사람과, 따뜻한 어머니 밑에서 자란 사람이 똑같은 안도감을 가지고 인생을 살아갈 수는

• Philip G. Zimbardo, *Shyness*, Addison-Wesley Publishing Company, Inc., 1975. 기무라 슌(木村駿), 오가와 가즈히코(小川和彦) 역, 《샤이니스: 제1부 소심한 사람들》, 게이소쇼보(勁草書房), 1982, p.99.

없다. 한쪽은 친구와 함께 지내는 것이 편할 수 있고, 다른 쪽은 친구와 있을 때도 불안하며, 긴장이 될 수도 있다. 다른 사람과 함께 있을 때 불안하거나 긴장이 되는 사람은 그것을 당연하다고 받아들이면 된다.

"나는 사람들과 함께 있으면 마음이 안정되지 않아."

이렇게 있는 그대로의 감정을 받아들이는 것이다. 이런 수용 능력이야말로 자신에게 어울리는 인생을 살아가기 위한 첫걸음이다.

사랑을 받고 싶다고 해서 모든 사람에게 사랑받으며 인정받는 사람이 되기 위해 노력할 필요는 없다. 갓난아이가 천하장사와 씨름을 하려는 식의 무리한 노력을 할 필요는 없는 것과 마찬가지다.

어린 시절부터 힘들고 고통스러울 때에 아무런 도움을 받지 못한 사람이 도움을 받으며 자란 용기 있는 사람과 같은 인생을 살기 위해 스스로를 다그치는 것은 잘못된 선택이다. 용기 있는 사람은 어린 시절에 믿을 만한 사람이 곁에 있었다. 힘들고 고통스러울 때에 도움을 주는 사람이 있었다. 만약 나에게 용기가 없다면, 스스로를 다그치는 대신 용기 있는 사람을 솔직하게 인정하고 존경하면 된다.

용기 있는 사람을 존경하는 것은 용기 없는 자신을 비하하는 것과는 다르다. 용기 있는 사람을 솔직하게 존경하는 것과 용기 없는 자신을 있는 그대로 받아들이는 태도는 모순되지 않는다. 그것이 '나는 나, 그 사람은 그 사람'이라는 사고이고, 자신의 위치를 올바르게 이해하는 태도다.

반면, 용기가 없는데 용기 있는 사람 같은 충족감을 추구하는 것은 자신의 위치를 이해하지 못하는 사람의 태도다. 용기가 없는데 왜 굳이 용기 있는 사람인 척 행동해야 하는가?

존경할 만한 가치가 있는 사람인가, 그렇지 않은 사람인가 하는 것은 '자신의 운명에 어떤 태도로 임하는가'에 따라 결정된다.

사회에 큰 공헌을 할 정도로 용기가 있는 사람이 있다. 하지만 그는 사실 신경안정제를 복용하면서 간신히 살아가고 있다. 그렇다고 개인적으로 용기 있게 살아가는 사람보다 못할까? 그렇지 않다. 양쪽 모두 솔직하게 스스로를 인정하고 최선의 노력을 기울이며 살고 있다면 그것으로 충분하다. 즉, 대등한 인생이다.

자녀에게 관심이 없는 부모 밑에서 자란 사람이 부모에게 적극적인 관심을 받으면서 성장한 사람과 자신을 비교하며 주눅이 들 필요도 없다. '거북과 토끼 중에서 어느 쪽이 더 빠른가'를 비교할 필요가 없는 것과 마찬가지다.

자신이 어두운 성격이라고 해서 밝고 행복한 사람을 부러워할 필요도 없다. 증오로 가득 찬 부모와 같은 지붕 아래에서 생활한 사람과 사랑이 넘치는 부모와 같은 지붕 아래에서 생활한 사람은 비교의 대상이 아니다. 따라서 똑같은 수준의 심리적 안정을 추구하는 것 자체가 잘못된 태도다. 두 사람은 각각 다른 존재이기 때문이다. 기린은 목이 길어서 기린이다. 거북은 목이 짧기 때문에 거북이다. 종달새는 잘 지저귀기 때문에 종달새다.

증오로 가득 찬 부모와 함께 생활하면서 늘 밝은 표정을 짓는 행동은 뻣뻣한 뱀과 같다. 부자연스럽다는 뜻이다. 그래서는 행복한 인생을 살아갈 수 없다.

조금만 냉정하게 생각해 보면 누구나 이해할 수 있는 일이다. 부모의 열등감을 치유하기 위한 치료제처럼 자란 아이와 본인 스스로의 성장을 위해 자란 아이는 당연히 다르다.

'치료제처럼 자란 아이'는 부모가 가슴에 끌어안고 있는 마이너스적 감정의 배출구 역할을 하며 자란다. 예를 들면 부모에게 '너 따위는 살 가치가 없어!'라는 식으로 경멸을 받으며 자란 사람이다. 부모로부터 '이런 사람이 되면 좋겠다'는 식의 비현실적인 기대를 받으며 자란 사람도 마찬가지다. 다시 말해서, 자신의 열등감을 치유하기 위한 목적으로 자녀에게 여러 교육을 시키는 부모 밑에서 자란 사람들이다. 이런 사람은 부모의 노예로 성장한다. 대개는 야단을 맞는 것을 두려워하면서 성장한다. 따라서 이들은 자신의 본성을 억누르고 그저 '착한 아이'가 되려고 노력한다.

신경증에 걸린 부모는 아이의 능력치를 넘는, 아이가 할 수 없는 일을 하라고 강요한다. 이렇게 성장한 아이에게는 좋은 것과 싫은 것에 대한 기호가 없다. 좋고 싫은 감정을 표현했다가 그것이 부모의 기대에 맞지 않으면 야단을 맞고 더 큰 고통을 당하기 때문이다. 이에 비해 본인의 성장을 목표로 자란 사람은 기호가 분명하다.

'치료제처럼 자란 아이'가 자신의 위치를 잘 이해하려면 어떤 사고를 갖추어야 할까?

부모에게 할 수 없는 일을 요구받으며 자랐다면, 성인이 된 다음에도 잘못된 선택을 할 가능성이 높다는 사실을 스스로 자각하는 것이 자신의 위치를 올바르게 이해하는 기본적인 태도다. 특히 "모든 사람에게 사랑받고 싶다."는 강한 욕구 때문에 인생에서 잘못된 선택을 해서는 안 된다.

운명을 받아들이면 편해진다

자신의 위치를 확인한 뒤에는 자신에게 어울리는 목표를 세우고 꾸준히 노력해서 목적지에 도착하면 된다.

> 많은 사람들이 이상적인 삶을 추구하다가 실패하는 이유는 본인의 능력이나 가치가 반영되어 있지 않은 잘못된 이상을 선택하기 때문이다.•

해설을 덧붙이자면, 자신의 위치를 이해하지 못하기 때문에 불행해지는 것이라고 말할 수 있다. 자신에게 주어진 운명을 있

• Philip G. Zimbardo, 앞의 책, p.88.

는 그대로 받아들이지 않기 때문인 것이다.

세상에는 마음의 상처부터 치료해야 하는 사람이 있고, 활력이 넘치는 일터에서 마음껏 경쟁을 펼쳐야 하는 사람도 있다. 치료가 필요하다고 해서 스스로를 책망할 필요는 전혀 없다.

사람은 자신을 다른 사람과 비교하기 때문에 자신에게 주어진 인생을 가치 없게 여기기 쉽다. 자신을 있는 그대로 받아들이는 것은 자신의 인생을 소중하게 여긴다는 의미다.

"나는 부모님에게 의지하지 않았어. 사실 부모님이 의지할 만한 대상이 아니어서 무슨 일을 하든지 스스로 해결하기 위해 노력했지. 다른 사람에게도 의지한 적이 없어. 지금까지 늘 혼자 노력하고 해결해 왔어."

이러한 자각이 필요하다. 주변과 타협하며 살아온 사람도 있고, 반항적으로 맞서거나 자립하여 살아온 사람도 있다. 자립해야만 했던 사람과 어린 시절부터 부모에게 의지하고 보호를 받으며 성장한 사람이 같은 부류일 수는 없다. 성장 과정에서의 습관에 의해 중요한 시험에서 공황 상태에 빠지는 사람도 있고, 침착한 모습으로 자신의 능력을 최대한 발휘하는 사람도 있는 것이다.

주변으로부터 꾸지람을 들으며 자란 사람과, 보호를 받으며 자란 사람은 스스로에 대한 '자기 이미지'가 다르다.

자녀를 꾸짖는 행위를 통하여 마음속에 존재하는 갈등을 해소하려는 부모도 있다. 자신의 불안을 자기 확대self-aggrandizement로 해결하려다가 좌절을 맛보고 그 불만을 자녀를 꾸짖는 행위를 통하여 해결하려는 것이다.

그런 부모에게 이상적인 결과만을 강요당하면서 성장한 사람은 부모의 요구에 제대로 부응하지 못했다는 점에서 '이상적인 자아'와 '현실적인 자신' 사이에서 괴리가 발생하기 쉽다. 그로 인해 자기 멸시에 빠지고 심각한 열등감을 느낀다.

이런 경우 아이는 부모에게 있어서 '속죄양scapegoat'에 해당한다. 부모의 증오에 찬 감정을 발산하는 분출구인 셈이다. 그런 부모 밑에서 학대를 받으며 성장한 사람과, 부모에게 사랑을 받으며 성장한 사람이 다른 것은 당연하다.

보호를 받으며 성장한 사람은 자신은 보호받을 만한 가치가 있다는 자기 이미지를 갖지만, 학대를 받으며 성장한 사람은 자신은 미움을 받는 사람이라는 자기 이미지를 가진다. 자신은 사람들에게 피해를 주는 존재라는 부정적인 이미지를 가진 것이다.

부모가 무의식중에 드러내는 적대감에 반응하면서 성장한 사람의 눈에 비치는 세상과, 부모의 사랑을 온전히 받으며 성장한 사람의 눈에 비치는 세상은 이처럼 전혀 다르다.

자신의 운명을 받아들이지 않는 한 결코 자아는 확립될 수 없다. 자신의 문제점을 있는 그대로 받아들이고 자신의 위치를 자각하는 데에서부터 인생을 새롭게 시작해야 한다.

거북으로 태어났다면 토끼와는 경쟁하지 않는 것, 이것이 행복한 인생을 살기 위한 가장 기본적이고 중요한 철칙이다.

자신의 약점을 받아들인다

신경증 환자는 운명을 받아들이지 않을 뿐 아니라 자신의 약점도 받아들이거나 인정하지 않는다.• 사실 자신이 얼마나 나약한 존재인지 누구보다 잘 알고 있기 때문에 그런 나약한 자신을 받아들이고 싶지 않은 것이다. 그러면서 다른 사람 역시 나약한 자신을 받아들여 주지 않을 것이라고 생각한다. 실제로는 그렇지 않지만 성장기에 경험한 사람에 대한 불신이 성인이 되어서도 심리적으로 단단히 뿌리내리고 있기 때문에 지레 겁을 먹는 것이다.

그런 나약함은 공포감과 연결된다. 힘들고 고통스러울 때에

• Karen Horney, *The Neurotic Personality of Our Time*, W. W. Norton & Company, Inc., 1964, p.166.

아무도 자신을 도와주지 않는다고 생각하기 때문에 자신의 나약함을 더욱 인정하려 들지 않는다.

성장기에 힘들고 고통스러웠을 때 부모의 보호와 관심을 받으며 성장한 사람과, 도움을 받을 사람이 없어 불안한 심리로 성장한 사람의 차이는 매우 크다.

주변에 보호해 줄 사람이 없다는 불안감 속에서 성장한 사람이 스스로 자신을 보호하기 위해 최선을 다하는 것은 당연한 행동이다. 자신의 안전을 지키기 위해 다른 사람보다 우월해야 한다고 생각하는 것 역시 당연한 사고다. 그러나 그 때문에 강한 힘을 추구하게 되고 결과적으로는 사람들로부터 고립되어 간다. 우월하지 않으면 안 되기 때문에 우월감과 자만에 사로잡혀 있다가 다른 사람들에게 기피 대상이 되는 것이다.

자신의 약점을 받아들이면 행복해질 수 있다. 하지만 성장기에 자신의 약점을 보완해 주고 보호해 주는 사람이 없었던 사람에게는 이 또한 쉽지 않은 일이다. 주변에 보호해 줄 사람이 없을 때 스스로를 보호할 수 있는 방법은 강한 힘밖에 없다. 그래서 자신의 기준에 맞는 강한 힘을 얻기 위해 최선을 다한다. 부자가 돈의 노예가 되는 것과 조직의 우두머리가 목숨을 걸고서라도 조직을 지키려는 마음이 이와 같다.

부모님, 선생님, 친구…… 아무도 자신을 지켜주지 않는다. 그렇다면 스스로 지킬 수밖에 없다. 즉, 조직의 우두머리가 목숨을 걸고 조직을 지키려는 심리는 한편으로 자신을 지키기 위한 절망적인 시도라고 볼 수 있다. 문제는 그런 노력을 기울여 사회적으로 성공을 거둔다고 해도 나약한 자아는 그대로라는 것이다. 아무런 변화가 없다. 아니, 오히려 더 나약해진다.

무의식에 잠재해 있는, 곤란할 때에 아무도 도와주지 않는다는 두려움은 그 사람의 성격에 심각한 영향을 끼친다. 스스로 자각해서 그 두려움을 해소하지 않으면 일생을 따라다니며 삶 전체에 강한 영향을 끼치게 된다. 자신은 숱한 위협에 휘둘리며 살아왔기 때문에 안정된 환경에서 성장한 사람과는 다르다는 사실을 자각할 수 있어야 새로운 변화가 일어난다.

"털실을 얻기 위해 양을 찾아간다.You go to a goat to buy wool."라는 격언이 있다. 행복해지기 위해 강한 힘을 추구하는 사람은 바로 이 격언을 실행하고 있는 것과 같다. 털실이 필요해서 양을 찾아가는 마음은 이해하지만 양을 찾아가 봤자, 털실을 바로 손에 넣을 수는 없다.

물론 털실을 구하기 위해 뱀을 찾아가지는 않는다. 대부분의 사람은 곧바로 양을 찾아간다. 뱀을 찾아가도 털실은 구할 수 없다는 사실을 알고 있기 때문이다. 하지만 양을 찾아가는 것 역시 올바른 선택이 아니다. 다시 말해서 경제적으로 성공하면 행복해질 것 같지만 사실은 행복해질 수 없다는 것이다.

신경증 환자는 성공하면 행복해질 수 있다고 생각하기 때문에 사회적으로 성공하기 위해 최선을 다한다. 호감을 얻기 위해 사람들에게 아첨을 하기도 하고 타협하기도 한다. 그러나 털실을 구하고 싶다면 양을 찾아가서는 안 된다. 털실을 판매하는 가게를 찾아가는 것이 정답이다.

어떤 운명을 타고나더라도 행복해질 수 있는 방법은 존재한다. 행복의 논리는 간단하다. 행복해질 수 있는 행동을 하면 된다. 즉, 현실을 받아들이면 되는 것이다.

사람들은 대부분 현실을 받아들이기를 거부하고 공상 속에 있는 마법의 지팡이를 찾는다. 그렇기 때문에 행복해질 수 없다. 불안에 사로잡힌 사람은 행복이 무엇인지조차도 올바르게 이해하지 못한다. 입으로는 항상 행복해지고 싶다고 말하지만 그 방법을 잘못 선택하기 때문에 행복을 얻지 못한다.

그들은 '행복은 자신의 마음속에서 스스로 만들어가는 것'이라고 생각하지 않는다. 외부에서 가져오는 것이라고 생각해서 자신이 가지지 못한 것을 여기저기에서 끌어오는 것이다. 그러나 아무리 많은 것들을 손에 넣어도 행복해질 수는 없다.

행복은 '상대를 이해하고 배려할 줄 아는 태도'에도 있다. 그러나 그들은 맛있는 과자를 손에 쥐고 먹는 것이 행복이라고 생각하기 때문에 그렇지 못한 현실이 불행하다고 여기고, 더욱 이기적인 행동을 취한다. 그들은 이런 오판을 하면서 삶의 에너지를 모두 소모해 버린다. 더 이상 살아갈 만한 에너지가 남아 있지 않는 것이다.

천천히 단계를 밟아야 행복을 얻을 수 있다. 어느 날 갑자기 행복해질 수는 없다.

그릇된 노력은
자신을 궁지로 몰아넣는다

불행한 사람은 보통 어린 시절 신경증에 걸린 부모의 요구에 휘둘리면서 성장했기 때문에 자기평가가 매우 낮다. 그런 상황에서 신경증에 걸리거나 우울증을 앓는 등의 정신적 문제를 끌어안게 되는 것은 당연한 결과다. 그런 정신세계를 가지고도 비행 등의 사회적 문제를 일으키지 않는 것이 기적에 가까운 일이다.

그래도 힘든 상황을 자각하고 자립하려면 "나는 이렇게 힘든 상황도 이겨냈다."는 자신감부터 가져야 한다. 이미 정상에 서 있으면서도 아직 산에 오르지 않았다고 생각하는 사람이 있다. 그런 식으로 자신의 위치를 낮추면 심리적·사회적으로 좌절할 수밖에 없다.

사람은 나이 차이를 쉽게 받아들인다. 물론 나이가 들어서도 젊은 사람과 체력을 경쟁하겠다고 의욕 넘치는 모습을 보여주는 사람도 있지만, 대부분은 예상외로 나이 차이를 순순히 받아들인다. 예를 들어, 나이를 먹으면 젊은 시절과 비슷한 수준의 체력을 원하지 않는다. 숙면을 하지 못하더라도 "나이가 이 정도면 젊은 사람처럼 숙면을 취할 수 없는 게 당연하지." 하고 변화를 순순히 받아들인다. 하지만 자신이 성장한 환경과 다른 사람이 성장한 환경에서 발생하는 심리적 차이는 나이 이상으로 상당한 격차를 보이는데도 쉽게 받아들이지 않는다. 그것이 자신의 위치를 올바르게 이해하지 못하는 결과를 낳는다.

다른 사람을 볼 때 자신과 똑같은 사람이라고 생각하면 안 된다. 상대는 원숭이고 자신은 물고기일지도 모른다. "원숭이의 수중 생활, 물고기의 수목 생활"이라는 격언도 있다. 성실함을 잃지 않고 열심히 노력하면서 살고 있는데도 늘 불안한 사람이라면 물속에서 발버둥을 치는 원숭이 같은 생활을 하는 사람이다.

이것은 물고기가 물속에서 최선을 다하는 것과는 전혀 다르다. 물고기가 물속에서 최선을 다하는 태도는 자신의 위치에 맞는 충실한 생활이기 때문에 바람직한 성과를 얻을 수 있다. 그러나 원숭이가 물속에서 아무리 발버둥을 친다고 해도 남는 것은 공허함과 좌절감뿐이다. 최선을 다해 노력하고 있는데도 행복을 느낄 수 없다면 자신에게 어울리지 않는 인생을 살고 있다는 뜻이다. 게으른 사람이 뜻대로 풀리는 게 없다고 불평을 한다면 노력을 하지 않으니까 당연하다고 간단히 정리할 수 있을 것이다. 그러나 아무리 열심히 노력을 해도 결국에는 매우 불행한 인생, 비극적인 인생으로 끝난 경우의 원인은 자신의 위치에 맞지 않는 장소에서 의미 없는 땀을 흘렸기 때문이다.

일본 가스미가세키霞が関 지역의 사망 원인 1위는 암이고, 2위는 자살이다. 이를 통해 알 수 있는 것은, 많은 이들이 자신의 힘에 부칠 정도로 최선을 다해 노력을 하다가 결국에는 견디지 못하고 자살을 한다는 것이다. 원숭이는 나무에 오르면 되는데 굳이 물속에서 생활하려 하고, 물고기는 물속에서 생활을 하면 되는데 굳이 나무에 오르려 하는 것이 문제다. 이런 현상이 발생하는 이유는 원숭이 주변에 "나무에 오르는 것보다 물속에서 생활하는 쪽이 훨씬 더 훌륭한 거야." 하고 쓸데없는 말로 유혹하는 사람이 존재하기 때문이다. 최선을 다하는데도 성과를 거두지 못하는 사람들을 살펴보면 대부분 주변 인간관계가 나쁘다. 그 사람들은 전혀 도움이 되지 않는 말로 현혹한다.

욕구불만에 가득 찬 원숭이가 물고기에게 "물속에서 생활하는 것보다 나무에 오르는 쪽이 더 멋진 거야."라고 꼬드긴다. 그럴 경우 공허함 때문에 불안해하던 물고기는 자신의 본성을 망각하고 칭찬을 듣기 위해, 인정을 받기 위해 나무에 오르기 시작한다. 또는 나무에 오르는 것과 물속에서의 생활을 모두 잘 해내기 위해 스스로를 극한 상황까지 몰아세운다.

이런 인생에는 엄청난 에너지가 소모되면서도, 당사자는 시간이 흐를수록 공허해진다. 엘리트가 우울증에 걸리거나 부자가 자살을 하는 경우가 여기에 해당한다. 자신의 본성을 무시하고 사력을 다해 봤자 부정적인 결과만 나타나는 것이다.

심리학자 헤르베르트 프로이덴베르거Herbert Freudenberger의 말을 빌리면, 이는 문제가 있는 보트에 올라타 열심히 노를 젓는 것과 같다. 프로이덴베르거가 개념을 밝힌 '탈진 증후군Burnout Syndrome'은 나쁜 선택bad choices과 좋은 의도good intentions가 낳은 결과라고 한다. 선택이 나쁘면 의도가 아무리 좋다고 하더라도 결과는 자기 파멸로 나타난다는 것이다.

지옥으로 가는 길은 좋은 의도로 포장되어 있다.

심리학자 롤로 메이Rollo May의 말이다.• 자신이 원숭이라는 사실을 모르는 사람, 즉 자기소외自己疏外, self-estrangement를 하고 있는 사람은 겉만 번지르르한 길을 열심히 걸어간다. 자기소외는

• Rollo May, *Love and Will*, W. W. Norton & Company, Inc., 1969. 오노 다이하쿠(小野泰博) 역, 《사랑과 의지》, 세이신쇼보(誠信書房), 1972, p.328.

어떤 존재가 자신의 내적 본질을 외재화하여 자신과 분리된 것으로 간주하는 것을 말한다. 이런 사람은 자신의 본질을 이해하지 못한 상태이기에 인생의 진정한 목적도 정하지 못한 채 삶의 축을 잃고 비틀거린다. 그 결과 그는 자신이 현재 어디에 서 있는지도 모르고 자신이 누구인지도 모른다.•

따라서 자신의 위치를 올바르게 이해하지 못하는 상황이 가장 위험한 것이다. 물속에서 헤엄을 치려고 발버둥 치는 원숭이는 자신의 위치를 모르는 원숭이다. 헤엄을 잘 치겠다는 것이 좋은 의도임에도 불구하고 이 의지는 지옥으로 향하는 길을 안내하는 가이드로 작용한다. 이것이야말로 '현실 무시'다. 불안에 사로잡혀 현실적인 자신을 무시하고 있는 것이다.

심리적으로 건강한 사람은 '현실적인 자신', 즉 자신이 현재 놓여 있는 위치를 충분히 이해하고 그 지점에서부터 출발한다. 그렇기 때문에 그는 "내가 이것을 할 수 있을까?" 하는 것부터 생각한다. 할 수 있다고 생각하면 시작하고, 할 수 없다는 판단이 내려지면 깨끗하게 포기하는 것이다.

그러나 신경증에 걸린 사람은 "내가 이것을 할 수 있을까?" 하는 생각 따위는 하지 않는다. "반드시 해야 돼."라는 강박적 사고

• Karen Horney, *Neurosis and Human Growth*, W. W. Norton & Company, Inc., 1950, p.21.

를 바탕으로 무조건 덤벼든다. 그의 무의식에는 반드시 최선을 다해야 한다는 심리적 필요성이 존재하기 때문이다. 그는 그것을 해야 마음의 상처가 치유될 것이라고 생각한다.

신경증에 걸린 사람에게는 현실은 보이지 않고 불만스러운 감정만 존재하기 때문에 "원숭이의 수중 생활, 물고기의 수목 생활"을 시작한다. 그는 현실적인 자신이 원숭이라는 사실은 무시하고 헤엄을 쳐야 한다는 감정에만 이끌려 움직인다. 또한 헤엄을 치면 모든 사람에게 보란 듯이 복수를 할 수 있다고도 생각한다.

그래서 신경증에 걸린 사람은 '할 수 있는 일'을 하지 않는다고 말한 것이다. 신경증 환자는 '할 수 없는 일'을 하려고 한다. 불안에 사로잡힌 사람들 역시 '할 수 있는 일'을 하지 않고 '할 수 없는 일'을 하려고 한다. 예를 들면, 일상의 잡다한 문제나 본인 주변의 인간관계조차 제대로 정리하지 못하면서 '인류를 구하고 싶다'는 식으로 생각한다. 일상의 인간관계에서 발생하는 소소한 문제들도 확실하게 처리하지 못하면서 철학이나 종교에서의 '진리'를 이야기하는 사람은 현재의 힘든 상황에 무릎을 꿇거나 외면하며 종교나 철학을 도피처로 생각하고 있을 뿐이다.

장미와 맨드라미가 다르듯 자신과 타인도 다르다

심리학자 프로이덴베르거가 말했듯이, 문제가 있는 보트에 올라타 사력을 다해 노를 젓는 사람은 의지력이 강한 것처럼 보이지만 사실 이 의지는 자기 파괴적인 의지일 뿐이다. 안전에 대한 욕구, 애정에 대한 욕구가 충족되지 못한 경우 의지는 그릇된 길로 들어선다.•

이처럼 자신을 파괴하는 결과를 낳는다는 것도 모르고 열심히 노력하고 있는 '의지력 강한 사람'이 얼마나 많은가. 진정한 의지는 자기실현을 위한 노력을 할 때에 발생한다. 애정에 대한 욕구가 충족되지 않은 상태에서 고개를 치켜드는 의지는 진정한

• Rollo May, 앞의 책, p.204.

의지가 아니다. 그것은 원숭이가 물고기가 되려고 물속에서 발버둥을 치는 자기 파괴적인 행위에 지나지 않는다.

건전한 판단력이 그 바탕에 깔려 있는 의지의 발현만이 비로소 의미가 있고, 의지로 인해 인생의 방향을 올바르게 찾아가는 데 도움이 될 때에 플러스로 작용한다. 그 밖의 확고한 의지는 그것이 확고할수록 더욱 위험할 뿐이다.

예를 들면, 맡은 일을 열심히 소화하고 성실한 자세로 의무와 책임을 다하는 사람은 의지가 강한 사람이라고 말할 수 있다. 그러나 이런 사람이 때때로 우울증에 걸린다면 그것은 인생의 방향을 잘못 찾아가고 있기 때문이다. 표면적으로는 의지가 확고한 것처럼 보이더라도 그 배후에 공포가 존재하는 것이다.

자신의 성장과 발전을 도모하는 성장 욕구를 충실하게 따르고 있을 때에는 확고한 의지가 행복을 안겨준다. 하지만 퇴행 욕구를 따르고 있을 때의 확고한 의지는 오히려 그 사람을 불행으로 인도한다. 뒤에서 자세히 설명하겠지만 평범함에 대한 의지가 중요한 이유는 이 때문이다.

"당신은 본인이 어디에 서 있는지 모르고 있습니다. 본인 자신이 누구인지 모르고 있습니다."

신경증 환자는 이런 말을 들어도 뜻을 이해하지 못한다. 이 말의 의미를 이해할 수 있다면 그 사람은 더 이상 신경증 환자가 아니다. 현실을 직시할 수 있게 되었기 때문이다.

뮤리엘 제임스의 《아이는 성공하기 위해서 태어난다Born To Win》를 보면 교류 분석交流分析, transactional analysis•과 관련된 내용이 나온다. 여기에 "자신이 링컨이라고 말하는 사람은 미친 사람, 자신이 링컨이었다면 어떠어떠했을 것이라고 말하는 사람은 신경증 환자, 자신은 자신이고 링컨은 링컨이라고 말하는 사람은 심리적으로 건강한 사람이다."라는 문구가 있다.

나는 여기에서 '미친 사람'과 '심리적으로 건강한 사람'에 대해 말한 부분은 찬성하지만 신경증 환자에 대해서는 보충 설명을 하고 싶다.

"나는 링컨이 될 것이다."라고 말하는 사람이 신경증 환자다. 그는 '현실적인 자신'을 인정하지 않는다. '현실적인 자신'을 무시하기 때문에 자신의 위치를 올바르게 이해하지 못하고 꾸준한 노력을 기울이지 않는다.

신경증 환자의 의지는 설사 그것이 확고하다고 해도 자기 파괴적으로 작용한다. 그래서 "내가 링컨이라면……." 하며 헛된

• Muriel James & Dorothy Jongeward, *Born To Win*, Addison-Wesley Publishing Company, Inc., 1971, p.16.

꿈을 꾸고, "내가 링컨이 될 수 없는 이유는 주위 환경이 나쁘기 때문이야."라고 변명을 늘어놓거나 탄식한다.

"자신을 받아들여야 한다."는 말이 있다. 나도 이 말을 자주 사용하지만 신경증 환자는 애당초 '자신이 어떤 존재인지 모르는 사람'이기 때문에 자신을 받아들이는 것이 어떤 것인지 이해하지 못한다.

자신의 위치를 모르는 사람은 다른 사람도 자신과 같다고 생각하기 때문에 자신은 원숭이고 상대는 물고기라는 사실을 이해하지 못한다. 만약 그 사실을 이해한다면 자신은 헤엄을 칠 수 없다는 사실을 있는 그대로 받아들일 수 있을 것이다.

자신이 원숭이라는 사실을 받아들인 사람은 헤엄을 칠 수 없다는 사실을 이해하기 때문에 물속이 아닌 나무 위로 올라가야 한다는 방향성도 깨달을 수 있다. 하지만 헤엄을 칠 수 없다는 사실을 받아들이지 못하는 원숭이는 아무리 많은 시간이 흘러도 자신은 나무 위로 올라가야 한다는 사실을 깨닫지 못한다.

이솝 우화에 '장미와 맨드라미'라는 이야기가 있다.

장미 옆에서 자라는 맨드라미가 장미에게 "당신은 정말 아름다워요. 신들도, 사람들도 모두 당신을 사랑해요. 당신의 아름다운 모습과 그윽한 향기가 너무 부러워요."라고 말했다.

그러자 장미는 "아니에요. 나는 얼마 지나지 않아 시들어버려요. 누가 꺾지 않아도 저절로 시들어버린답니다. 하지만 당신은 오랫동안 꽃을 피우면서 젊고 싱싱하게 살 수 있잖아요."라고 대답했다.

장미와 맨드라미가 다르듯 사람들도 제각기 다르고 차이가 있다. 그런데도 서로를 끊임없이 비교하기 때문에 불행한 인생을 사는 것이다.

2장

좌절뿐인 열등감의 굴레에서 벗어나기

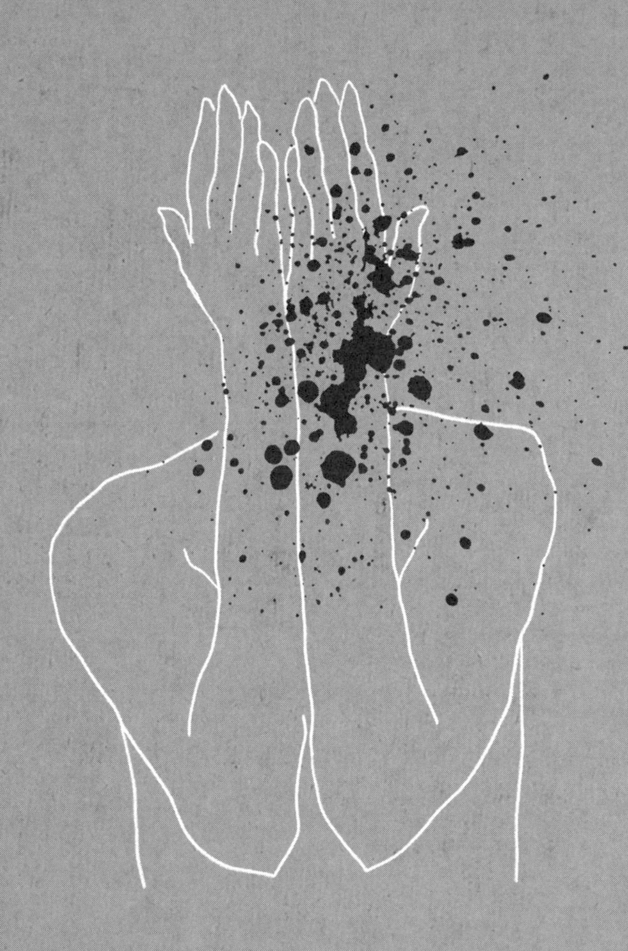

다른 사람보다 나아진다고 행복해지지 않는다

심각한 열등감이 있는 사람은 무엇보다 우월감을 우선시하기 때문에 다른 감정이 뒤로 밀려나 버린다. 무슨 일을 하건 그 동기는 열등감을 치유하는 데에 있다. 이런 사람이 결혼을 하면 자신이 결혼한 사람이라는 사실을 이해하지 못하기 때문에 독신 시절과 마찬가지로 행동한다. 독신인 친구와 함께 밤늦게까지 술을 마시며 돌아다니면서도 전혀 위화감을 느끼지 못한다. 자신의 위치를 올바르게 이해하지 못하는 것이다.

이들의 행동은 부모가 되어도 마찬가지다. 자녀가 있을 때와 없을 때는 사회적으로나 심리적으로 언행이 바뀌어야 한다. 하지만 이들에게는 자신이 부모라는 자각이 없기 때문에 자녀가 있든 없든 심리적으로 크게 달라지는 것이 없다. 그 때문에 독신의 즐거움을 맛보면서 동시에 자녀로부터 얻는 행복감도 맛보려 한다. 요컨대 욕심이 많은 것이다. 이것은 신경증적 욕구다.

정신분석학자 카렌 호나이Karen Horney는 신경증적 욕구의 특징으로 "어울리는 노력을 하지 않고 바라기만 하는 것"이라고 했다. 이 경우 결혼 생활을 유지하려는 노력은 하지 않으면서 결혼 생활이 유지되기를 바란다. 또한 나이를 먹어도 자신이 나이를 먹었다는 사실 역시 이해하지 못한다.

젊어서는 '지금 젊은 시절을 살고 있다'는 자각이 없다. 단지 젊다는 이유로 즐거운 것이 아니다. 젊은 시절이 즐거우려면 그에 어울리는 노력을 기울여야 한다. 그렇지 않으면 어느 날 문득 자신이 상당히 나이가 들었다는 사실을 깨닫고 깜짝 놀란다.

이들은 지금 추운 지방에 있는지 더운 지방에 있는지도 모른다. 지금이 여름인지 겨울인지도 모른다. 추운 지방에 있을 때와 더운 지방에 있을 때는 복장에도 차이를 둬야 할 것이다. 여름과 겨울 역시 복장이 달라진다.

어떤 사람은 움직여서 돈을 버는 것은 싫어하면서 명품 가방을 가지고 싶어 한다. 또 어떤 사람은 주변 사람들을 배려하는 마음은 전혀 없으면서 왕 같은 대접을 받고 싶어 한다. 이것은 모두 자신의 위치를 올바르게 이해하지 못하고 있기 때문에 발생하는 착각이다. 자신의 위치를 올바르게 이해하는 것이 성숙한 어른의 조건이다.

욕구불만에 차 있는 토끼가 있다. 그리고 자기 부재自己不在, 자기 상실自己喪失에 빠져 있는 거북이 있다. 이들이 이솝 우화에 등장하는 '토끼와 거북'이다.

거북은 자기 부재 상태이기 때문에 육지로 올라온다. 자신이 어떻게 살아야 할지 모르기 때문에 물속 세계에서 뛰쳐나와 육지로 기어오른다. 본래 자신이 있어야 할 물속 세계에서 벗어난 것이다. 모래 위를 걷고 있는 거북은 편하고 빠르게 걸을 수 없다. 그러면서 자신은 뭘 해도 안 된다는 좌절감을 맛본다.

이 거북처럼 최선을 다해 노력을 해도 뭔가 뜻대로 풀리지 않을 때에는 자신이 어울리지 않는 장소에 있다는 것을 알아야 한다. 삶이 힘들게 느껴질 때에는 자신을 둘러싸고 있는 상황을 반성해야 한다. 즐겁지 않다는 것은 그곳이 자신이 머무를 자리가 아니라는 뜻이다.

살아갈 장소를 잘못 선택하면 이상한 사람들을 만나게 된다. 자신과 어울리지 않는, 자신과 완전히 다른 사람들에게 둘러싸인다.

'토끼와 거북' 우화는 자기 부재 상태에 빠져 있는 사람들이 범하고 있는 실수를 잘 대변해 준다.

토끼가 말을 걸어온다.

"거북아, 넌 왜 그렇게 느리니? 세상에서 너만큼 걸음이 느린 동물은 없을 거야."

이는 명백히 쓸데없는 참견이지만 거북은 자기도 모르게 "내가 느리다고? 나는 느리지 않아!" 하고 반항적인 태도를 보이며 토끼의 페이스에 말려든다. 그 순간 자신에게 어울리지 않는 장소를 선택한 거북은 잘못된 상대를 만나 잘못된 삶을 선택하게 된다.

이것은 자신의 위치를 벗어난 사람이 동료들과 원활한 관계를 유지하지 못하는 또 다른 사람을 만나 엉뚱한 장소에서 의미 없는 삶을 살아가는 것과 같다.

'나'라는 존재가 확실하게 정립되어 있지 않을 때에 주변으로 모여드는 사람들은 역시 의미가 없는 사람들이다. 즉, 자신을 올바르게 이해하지 못하고 있을 때에 주변에 모여 있는 사람들은 모두 이상한 사람들이라고 생각해야 한다. 사이비 집단, 폭주족, 과격한 정치 집단 등의 비사회적 집단을 보면 쉽게 알 수 있다. 폐쇄적인 집단은 모두 그런 식으로 구성된다. 문제는 이상한 사람이 자신을 이상한 사람이라고 생각하지 않는다는 데에 있다.

거북은 토끼와 달리기 경쟁을 해서는 안 된다. 토끼가 "왜 그렇게 느리니?" 하고 참견을 하면 "나는 토끼가 아니고 거북이기 때문이야."라고 대답해야 옳다. 그렇게 말할 수 있는 거북은 절대로 토끼에게 휘둘리지 않는다.

하지만 이솝 우화에 등장하는 거북에게는 중심축이 없다. 그래서 "나는 거북이다."라는 자아가 존재하지 않는 것이고, 그 때문에 토끼에게 휘둘려 무모한 경쟁을 한다.

거북이 토끼와 달리기 경쟁을 하는 건 아무런 의미가 없다. 토끼처럼 빠르다면 거북이 아니다. 그렇기 때문에 설사 최선을 다해 다른 거북보다 조금 빨리 달릴 수 있게 되었다고 해도 만족을 느끼거나 행복해질 수 없다. 이것은 모두 거북이 문제가 있는 보트에 올라타 열심히 노를 젓고 있기 때문이다.

'탈진 증후군'이라는 개념을 생각해 낸 프로이덴베르거는 탈진 증후군에 걸리는 이유는 문제가 있는 보트에 올라타기 때문이라고 했다. 그들은 최선을 다해 열심히 노를 젓지만 이미 문제 있는 보트를 선택한 점이 잘못되었기 때문에 아무리 열심히 노를 저어도 앞으로 나아가기 어렵다. 그런데도 상황을 판단하지 못하고 계속해서 죽을힘을 다해 노를 젓는다. 이런 의미 없는 의지와 노력 때문에 그들의 내면세계는 결국 붕괴된다.

설사 거북이 토끼에게 이긴다고 해도 자기 상실이라는 심리 상태는 바뀌지 않고, 불행한 삶도 변하지 않는다. 불행한 사람, 불안한 사람은 다른 사람에게 이기면 행복해질 수 있다고, 안심할 수 있다고 생각하지만 그래서는 결코 행복해질 수 없다.

우화는 거북이 이기는 내용으로 그려져 있지만 상식적으로는 당연히 토끼가 이긴다. 물론 토끼가 이기든지 거북이 이기든지 상관은 없다. 승리를 거둔 쪽은 다음에 사슴과 경쟁해서 이기고 싶을 테니까.

이것이 내가 말하는 데모스테네스 증후군Demosthenes Syndrome이다. 아무리 큰 성공을 거두어도 불안정한 자아는 변하지 않는다. 그렇기 때문에 큰 성공을 거둔 데모스테네스도 결국에는 자살로 삶을 마감한 것이다. 성공을 거두고 자살을 하는 사람은 많이 있다. 심리학 교수 마틴 셀리그먼Martin E. P. Seligman은 이것을 두고 '성공한 사람의 우울증'이라고 했다.

거북이 누가 오래 살지를 경쟁한다면 올바른 선택이다. 물속에서 거북끼리 경쟁을 하는 것도 올바른 선택이다. 하지만 육지에서 토끼와 달리기 경주를 한다는 것은 문제가 있는 보트에 올라타는 것과 같다. 애당초 토끼의 영역인 육지에 거북이 합류하는 것 자체가 정상이 아니다.

이런 선택을 하는 이유는 자기실현을 이루지 못했기 때문이다. 자기실현을 이루지 못한 상태, 자기 부재 상태의 거북은 주변 사람들의 시선만 의식하면서 살아간다.

이 거북은 본래 자신이 있어야 할 장소에서 동료 거북들과 바람직한 유대 관계를 이루어나가지 못하는 거북이기 때문에 육지로 올라오는 것이다. 그리고 결국 토끼에게 휘둘린다.

자신이 살아가는 세계에서 도망치면 안 된다

토끼 역시 마찬가지로 동료들과의 관계가 나쁘다. 원래 자신이 살아가야 할 장소에서 충족감을 느끼지 못하는 것이다. 만약 토끼가 동료들과 사이좋게 지냈다면 거북과는 어울리지 않았을 것이다. 즉, 거북과 토끼는 둘 다 심리적인 갈등으로 동료들과 원만한 관계를 유지하지 못하고, 그로 인해 자신이 있어야 할 장소를 벗어나 엉뚱한 장소로 나와서 결국은 만나서는 안 되는 대상을 만난 것이다.

사람도 자신이 있어야 할 장소가 아닌 장소에 있다 보면 주변에 이상한 사람들이 모여들어 달콤한 말로 유혹한다. 엘리트 코스를 밟거나 사회적으로 성공을 거둔 우수한 남자인데도 연애에서는 늘 실패만 맛보는 경우가 있다. 반면 자신의 위치를 올바르게 이해하고 있는 남자는 연애에서도 성공을 거두는 경우가 많다.

자신의 위치를 올바르게 이해하지 못하는 남자에게는 이상한 여자가 접근한다. 남자 역시 그 이상한 여자에게 마음을 빼앗기고 달콤한 유혹에 맥없이 넘어가버린다. 그런 이상한 여자에게 넘어가는 남자는 자기실현이 이루어지지 않은 남자다. 원숭이가 헤엄을 치고, 물고기가 나무에 오르려고 하는 것처럼 자신이 어떤 존재인지 인식하지 못한다. 자신이 있어야 할 장소를 벗어나 엉뚱한 장소로 나와 있는, 마음에 빈틈이 있는 남자다.

이상한 여자는 마음에 빈틈이 있는 남자를 예리하게 간파한다. 그리고 먹이를 향해 다가가서 "저, 거북님!" 하고 말을 건넨다. 그럴 경우 자신의 위치를 모르는 남자는 그 유혹에 쉽게 넘어간다. 사회적으로 성공을 거둔 우수한 남자가 '여자' 문제 때문에 늘 실패를 한다면, 그 이유는 이상한 여자의 말에 현혹되기 때문이다.

토끼나 거북은 둘 다 자신이 살아야 할 세상에서 살아갈 자신이 없고 용기도 없다. 이것이 신경증에 걸린 사람을 이해하는 핵심이다. 오스트리아 출신 정신분석학자 베란 울프Beran Wolfe는 신경증 환자는 자신이 살아야 할 세상에서 살아갈 용기가 결여되어 있다고 정의했다. 근대 정신의학을 창시한 알프레트 아들러Alfred Adler도 같은 말을 했다. 즉, 토끼는 자신이 사는 장소에서 충족감을 느끼지 못하는 상태이기 때문에 거북에게 달콤하게 말을 건넨 것이다. 정상적인 상태라면 거북에게 말을 걸지 않는다. 설사 말을 건다고 해도 "물속의 세상은 어떻게 생겼니?"라는 식의 단순한 호기심만 보였을 것이다.

"넌 왜 그렇게 느리니?"라는 말은 "왜 ○○처럼 하지 못하니?" 라는 의미다. 이것은 자녀를 망치는 부모들이 자주 사용하는 말이다. 자녀에게 이런 말을 건네는 부모는 토끼와 마찬가지로 욕구불만으로 인한 자기 부재 상태에 놓여 있는 사람이다. 그렇기 때문에 자녀의 마음에 상처를 준다.

한편, 거북은 이런 말에 왜 휘둘리는 것일까? 거북 역시 자기 부재 상태에 놓여 있기 때문이다. 자신의 자아를 타인에게 맡기고 있기 때문에 인정을 받고 싶은 것이다. 결국 이런 만남에 의해 둘 다 점점 더 자기 부재, 자기 상실 상태로 빠져든다. 운이 좋아서 여러 가지 좋은 결과를 얻는다고 해도 마음은 밝아질 수 없다. 이것이 우울증이다.

이 우화는 신경증 환자와 신경증 환자의 만남이 어떤 것인지 잘 보여주는 좋은 예라고 할 수 있다.

컬트 집단의 유혹을 받은 사람은 자신이 현재 정상적이지 않은 상태에 놓여 있다는 사실, 자신이 있어야 할 장소를 벗어나

이상한 장소에 있다는 사실을 자각해야 한다.

예를 들어, 대학에서 컬트 집단의 유혹에 넘어가는 사람은 보통 다른 동아리에는 소속되어 있지 않고 학교 내에 친한 사람도 적다. 일반적인 동아리에 속해서 즐거운 청춘을 보내고 있다면 컬트 집단의 유혹에는 넘어가지 않는다. 친구들과 세미나에 참석해 토론을 하거나 스터디 그룹에 참가하여 공부를 하거나 레크리에이션 동아리에 가입하여 활동을 한다면 애초에 컬트 집단도 접근하지 않는다. 동떨어진 장소에서 방황하고 있기 때문에 그런 유혹이 들어오는 것이다.

다른 사람의 영역에 발을 들여놓는 이유는 그쪽으로 가면 구원받을 수 있다고 생각하기 때문이다. 자신의 위치를 올바르게 이해하지 못하고 있는 사람의 행동이다.

"남의 떡이 더 커 보인다."는 말이 있는데, 이것도 문제가 있는 사람의 시선으로 볼 때의 이야기다. 자신의 위치를 올바르게 이해하지 못하는 사람의 눈으로 볼 때에만 '남의 떡이 더 커 보이는' 것이다. 본인은 인식하지 못하고 있더라도 삶을 고통으로 생각하기 때문에 자기도 모르게 다른 사람의 영역이 '구원의 장소'처럼 보이는 것이다.

잘못된 노력을
하고 있는 것은 아닌가

토끼가 거북과의 경쟁에서 압도적으로 승리를 거둔다고 해서 토끼에게 자신감이 생기는 것은 아니다. 거북과 수십 차례의 경쟁을 벌여 모두 승리를 거둔다고 해도 마찬가지다. 하지만 토끼는 자신감을 얻기 위해 계속 승리에 집착한다.

이는 엘리트가 연속적인 성공을 거두면서도 자신감을 가지지 못하고 초조해하는 모습을 보면 알 수 있다. 성실하게 생활하면서 필사적으로 노력을 하는데도 인생에 대한 불안감에 시달리는 사람은, 자신이 본래 있어야 할 장소에서 살고 있는 것이 아니라는 사실을 자각해야 한다.

심리학자 데이비드 시버리David Seabury는 "내가 나 자신이라면 무엇을 두려워할 것인가. 무엇인가 두려워하고 있다면 나 자신이 아니다."•라고 말했다. 명언이다.

흔히 "노력은 반드시 보상받는다."라고 말하지만 이것 역시 토끼가 육지에서 뛰어다니고, 원숭이가 나무에 오르고, 물고기가 물속에서 헤엄치고 있을 때에 해당하는 말이다. 거북과 토끼가 서로 상대를 의식하는 한 죽을 때까지 행복해질 수 없다. 그들의 노력은 절대로 보상받지 못한다.

기분 나쁜 사람과 함께 있으면 누구나 지친다. 함께 있는 것만으로 에너지가 소모된다. 기분 좋은 사람과 함께 있으면 에너지는 소모되지 않는다. 지치지도 않는다. 감기에 걸리지도 않는다. 마음에 들지 않는 사람이 옆에 있으면 스트레스 때문에 건강을 유지할 수 없다. 그런 인연은 즉시 끊어버려야 한다.

자신을 인정해 주지 않는 사람과 함께 있으면 에너지와 자신감을 빼앗긴다. 반대로, 자신을 인정해 주는 사람과 함께 있으면 자신감이 생기고 지혜를 배우고 에너지가 샘솟는다. 예상하지 못한 많은 것들도 얻을 수 있다.

《야위는 삶, 살찌는 삶やせる生き方, 太る生き方》이라는 저서에서도

• David Seabury, *Stop Being Afraid!*, Science of Mind Publications, 1965. 가토 다이조(加藤諦三) 역, 《문제는 해결할 수 있다》, 미카사쇼보(三笠書房), 1984, p.17.

나는 이것과 연관 지어 다이어트 심리를 설명했다.

우리는 어린 시절부터 "거북아, 거북아, 넌 왜 그렇게 느리니? 세상에서 너만큼 걸음이 느린 동물은 없을 거야."라는 말을 들으며 자랐다. 토끼와 거북의 이런 대화는 자신감을 상실한 우리의 심리를 잘 나타낸다. 토끼는 거북을 인정하지 않는다. 거북은 자신을 인정하지 않는 토끼에게 인정을 받기 위해 최선을 다한다.

자신감이 없을 때, 우리는 자신을 거부하는 사람에게만 주목한다. 실제로는 현재의 자신을 받아주는 사람들이 있는데도 그 사람들에게는 눈길을 돌리지 않는다. 자신감이 없을 때에는 묘하게도 자신을 거부하는 사람들만 눈에 들어오는 것이다.

세상에는 살이 찌는 것을 전혀 문제 삼지 않는 사람들이 훨씬 더 많지만 살이 쪘다고 고민하는 사람은 살이 찐 것을 낮게 평가하는 사람에게만 마음을 빼앗긴다.

토끼와 거북의 대화에 이를 비유하자면, 거북에게 "너는 물속에서 헤엄을 칠 수 있어서 정말 좋겠다. 넌 정말 멋져!" 하고 인정해 주는 이들이 세상에 분명히 존재할 것이다. 그러나 거북은 자신을 인정해 주는 이들에게는 눈길을 주지 않는다. 그리고 자신을 인정해 주지 않는 토끼를 향하여 "내가 느리다고? 나는 느리지 않아!" 하며 허세를 부린다.

자신감이 있는 거북이라면 그런 말을 들을 경우, "쓸데없는 참견은 하지 마!"라고 대답할 것이다.

자신을 인정해 주지 않는 사람에게 인정을 받기 위해 자신의 본성을 부정하는 행동을 하는 것은 우리가 자신감을 잃었을 때에 저지르기 쉬운 실수다.

"왜 그렇게 살이 쪘어요?"라는 질문을 받으면 쓸데없는 참견은 하지 말라고 무시하면 된다. 그런 말을 하는 사람에게 정신을 빼앗겨 자신의 인생에 영향을 받으며 무의미하게 살아가는 것은 정말 어리석은 행동이다.

자신을 인정하지 않는 사람에게 인정을 받기 위해 무리한 다이어트를 하는 것만큼 스스로를 더욱 불행하게 만드는 행동은 없다. 사람은 자신감을 잃으면 자신을 불행하게 만들기 위해 필사적인 노력을 기울이기 시작한다.

모든 토끼들이 "거북은 왜 그렇게 느린 거지?"라고 말하는 것은 아니다. 세상에는 거북과 경쟁을 하며 살아가는 토끼만 존재하는 것이 아니기 때문이다. 인간 사회에서도 살이 쪘건 야위었건 그것을 문제 삼는 사람들만 존재하는 것은 아닌 것처럼 말이다.

타인에 대한 경멸은
자기 증오를 나타낸다

거북에게 말을 걸어오는 토끼는 자기 증오를 외재화하고 있는 것이다. 토끼는 스스로를 증오하고 있다. 정신분석학자 카렌 호나이는 자신을 증오하는 감정의 외재화에 관하여 다음과 같이 말했다.

> 증오가 적극적인 형태로 표현되면 다른 사람은 경멸해야 할 존재라고 생각한다. 그러나 사실 이는 본인 스스로를 경멸해야 할 존재라고 생각하고 있다는 뜻이다.•

• Karen Horney, *Neurosis and Human Growth*, W. W. Norton & Company, Inc., 1950, p.145.

즉, 다른 사람을 경멸하는 사람은 무의식중에 자신을 경멸하고 있다는 뜻이다. 토끼는 걸음이 느린 거북을 경멸해야 할 존재라고 생각한다. 이것이 토끼의 자기 증오가 외재화되어 나타나는 현상이다. 사실 토끼는 스스로를 경멸해야 할 존재라고 생각하고 있는 것이다.

토끼와 경쟁한 거북은 우울증에 걸리기 쉽다. 그 배후에는 욕구불만에 가득 찬 부모가 존재한다. 스스로에 대한 증오를 자녀에게 외재화하는 부모가 있었던 것이다.

자기 증오나 초조감에 시달리는 사람은 원래 혼자 있어도 초조하다. 그런데 우연히 어떤 사람을 대하면서 그 대상 때문에 초조한 느낌이 드는 것이라고 착각한다. 마음속에 기름을 끌어안고 있는 사람은 언제 불이 붙을지 알 수 없다. 반면, 자기 증오를 하지 않는 사람은 인화 물질인 기름 자체를 가지고 있지 않다. 그렇기 때문에 무슨 일이 일어나도 그 일 때문에 자신의 몸에 불이 붙지는 않는다.

거북의 부모는 본래부터 혼자 있어도 초조했다. 그런데 옆에서 자녀가 시끄럽게 떠드니까 "아이가 떠드는 소리 때문에 초조하다."고 불평을 한다. 이는 자녀가 떠들어서 초조한 것이 아니라 원래 자신의 심리적 갈등 때문에 초조한 것이다. 즉, 자녀의 목소리를 통하여 마음속에 존재하는 초조감을 확인한 것뿐이다.

이런 착각이 "아이가 떠드는 소리 때문에 초조하다."는 식으로 표현된다. 외부의 사건을 통하여 자신의 감정을 느끼는 것, 이것이 '외재화'다.

열등감이 심한 사람은 인간관계에서 항상 초조해한다. 심리적으로 불안하기 때문에 다른 사람보다 우월해야 한다고 생각하며, 자신을 있는 그대로 받아들이지 못한다.

안도감을 느낀다는 것은 자신을 있는 그대로 받아들이고 있다는 의미이기도 하다. 자신의 위치를 올바르게 이해하고 거기에서부터 출발해야 비로소 있는 그대로의 자신을 인정하고 받아들일 수 있다.

부모가 신경증에 걸린 사람이라면 어머니다운 어머니 밑에서 자란 사람과 같은 결과를 자신에게 기대할 수는 없다. 그런 사람과 똑같은 심리적 안정을 추구하는 것, 인간관계에서 똑같은 편안함을 추구하는 것도 무리다. 심리적으로 건강한 사람이기를 기대해서도 안 된다. 무의식중에 문제를 끌어안고 있는 상태에서는 아무리 노력을 기울여도 행복해질 수 없기 때문이다. 무의식은 그 사람의 인간관계를 결정하고 구속한다. 이러한 구속은 카렌 호나이가 말한 '감정적인 맹목'으로 표현된다.

자신의 원점을 돌아보고 성장 과정을 되밟아본 다음에 어떤 것을 바꾸고 어떤 것을 기대해야 좋을지 판단하고, 가능한 것을 하나하나 바꾸어나가는 것이 자신을 인정하고 받아들이는 올바른 방법이다.

열등감이 강하면
무리한 행동을 한다

어느 유명 대학에 입학한 대학생의 이야기다. 그는 고등학교 시절에 심각한 열등감에 휩싸여 있었다. 그래서 유명 대학에 입학하면 열등감이 사라질 것이라고 생각했다. 하지만 대학에 입학한 후 동아리에 가입해서 다른 친구들을 상대하면서 더욱 강한 열등감을 느끼게 되었다.

"그 친구들은 깊은 사고력을 갖추고 있어요. 제게는 다른 삶이 더 어울리는 것 같아요."

때로는 조증 증세도 있었는지, 고등학교 시절에 '나는 신이다!'라거나 '세계를 정복할 것이다!'라는 생각도 한 적이 있었다고 한다. 그리고 실제로 실행에 옮기기 위해 군사학 등을 연구하기도 했다. 이것은 심각한 열등감, 달리 표현하면 자신의 위치를 올바르게 이해하지 못하는 사람의 병적인 사례다.

세계 정복과 의미는 반대이지만 불안감에 사로잡힌 사람 중에 "나는 인류를 구하고 싶다."고 역설하는 사람이 있다. 이런 착각을 '메시아 콤플렉스Messiah complex'라고 부르는데, 이 역시 자신의 위치를 올바르게 파악하지 못하는 사람의 사고 가운데 하나다. 물론 이런 사람은 절대로 인류를 구할 수 없다.

자신이 그 일을 하기에 어울리는 사람인지 냉정하게 판단을 내릴 수 있는 사람이 자신의 위치를 올바르게 이해하고 있는 사람이다. 이런 사람은 다른 사람과 자신의 관계를 정확하게 이해하고 있기 때문에 노력을 할 경우 반드시 그에 대한 보상을 받게 된다.

반대로, 자신의 체력은 기껏해야 동네 뒷산 정도를 오를 수 있는 수준인데 무모하게 히말라야를 등반하겠다고 나선다면 당연히 그 노력은 보상받을 수 없다.

"이렇게 열심히 노력하는데도 되는 일이 없어."라고 불만을 털어놓는 사람이 있다. 옆에서 봐도 정말 열심히 노력하지만 노력만큼의 보상을 받지 못한다. 자신에게 어울리지 않는 노력을 하고 있기 때문이다. 이런 사람은 인간관계에서도 상대방이 무엇을 원하는지 전혀 이해하지 못한다.

"나는 신이다!"라고 말하는 이유는 그렇게 말하지 않으면 안

되는 심리적 토양이 깔려 있기 때문이다. 이는 모든 사람으로부터 신처럼 대우를 받고 싶다는 심리다. 그 정도로 애정에 굶주려 있다는 증거이고, 그렇게까지 주변 사람들로부터 거부당하고 있다는 증거다. 현재의 삶이 괴롭다는 뜻이다.

칭찬을 듣고 싶지만 사람들은 그를 칭찬해 주지 않는다. 또는 칭찬을 듣고는 있지만 더 많은 칭찬을 원한다. 이런 경우, 신이 되면 자신의 바람을 실현시킬 수 있다. 그래서 "나는 신이다!"라고 자신을 신격화시켜 현실을 초월하고, 자신의 불만을 해소하려 하는 것이다.

이것은 결국 주변 사람들에 대한 분노의 표출이기도 하다. 그렇게라도 외치지 않으면 현실을 견뎌낼 수 없다. 하루하루가 두렵고 고통스럽기 때문이다. 이런 사람은 주변 사람들과 원만한 관계를 유지할 수 없다. "나는 신이다!"라고 말하는 청소년은 외로움에 휩싸여 있다. 마음속에도 주변 사람들에 대한 증오가 가득 차 있다.

본인은 마음속에 존재하는 고독이나 증오를 깨닫지 못하지만 무의식에는 주변 세계가 모두 적이라는 인식이 심어져 있다. "나는 신이다!"라는 말에서의 '나'는 그 자신의 살기가 투영된 것이다.

그렇다면 어떻게 해야 좋을까? 해결 방법은 지금 하고 있는 일, 지금 해야 할 일을 묵묵히 실행하는 것이다. 그렇게 노력하다 보면 자신에게 어울리는 사람들이 모여들고 그들에 의해 길이 열린다.

"나는 신이다!"라는 비현실적인 생각을 하면 그 순간부터 이상한 사람들이 모여든다. 이런 사람의 입장에서 볼 때 가장 어려운 문제는 평범한 생활이다. 하지만 그를 정말로 구원해 주는 것 역시 평범한 생활이다. "나는 신이다!"라는 착각을 버리지 않는 한 그는 절대로 행복해질 수 없다. 자신의 위치를 잘못 파악하고 있는 사람은 행복해질 수 없기 때문이다.

자신에게 거짓말을 하면 자립할 수 없다

일흔 살이 된 여성이 있다. 그녀는 20년 전에 남편이 알코올의존증에 걸려 이혼했다고 한다. "남편은 술 때문에 사람이 변했어요."라는 설명도 덧붙인다. 지금은 마흔여섯 살 된 딸 때문에 고민이라고 한다. 딸은 게임 중독이라고 한다. 그녀는 딸 문제를 상담하기 위해서 나를 찾아왔다. 딸과는 사이가 그다지 좋지 않은 상태였다.

앞에서도 설명했듯이 그녀가 이혼을 한 이유는 남편이 알코올의존증에 걸려 사람이 변했기 때문이다. 그녀는 "나는 모두의 행복을 위해 이혼한 거예요."라고 말하며 자신의 이혼을 정당화했다. 이런 자기 정당화로 스스로를 보호하고 있기 때문에 아무리 시간이 흘러도 행복해질 수 없는 것이다. 솔직하게 '내가 이혼하고 싶어서 이혼했다'라고 생각하면 길이 열린다.

하지만 그녀는 자신의 상황을 정당화하여 자신은 '좋은 사람'이라는 점을 내세우려고 했다. 그녀는 결국 '자신의 위치를 올바르게 이해하지 못하는 사람'이다. 따라서 그녀의 고민은 해결되지 않는다.

그녀가 자신의 위치를 올바르게 이해하지 못하는 이유는, 다른 사람에게 '좋은 사람'이라는 인상을 심어주고 싶다는 의존적 욕구가 강하기 때문이다. 자신의 위치를 이해한다는 것은 자신에게 솔직하다는 것이다. 프로이트 식으로 말하자면, 자신의 위치를 이해하는 것이 최선의 삶이다.

자신에게 솔직하게 살면 고통이 따르더라도 결국 모든 것이 자연스럽게 해결된다. 그것이 인생이다.

"나는 남편이 싫었어요."라고 솔직하게 표현한다면 현재 게임에 빠져 있는 딸과도 관계를 개선할 수 있다. 하지만 그녀는 본인이 견딜 수 없어서 이혼했다는 사실을 인정하지 않았다. 자신은 이혼할 생각이 없었지만 가족을 위해 어쩔 수 없이 그런 선택을 한 것이라고 말한다. 누가 이혼을 하라고 부탁하거나 강요한 것도 아닌데, 마치 다른 사람을 위해서 이혼을 한 것처럼 말한다.

"남편이 싫어서 이혼했어요."라고 솔직하게 말하면 자신의 위치가 보인다. 자신의 의지로 이혼했다는 사실을 솔직하게 표현하는 방법을 통하여 의존적 분노에서 벗어날 수 있기 때문이다.

남편이 싫어서 이혼했다는 사실을 스스로 솔직하게 인정하고 표현하는 것이 자립의 출발점이며, 자신의 위치를 올바르게 이해하는 사람의 행동이다.

딸과의 문제도 마찬가지다. 그녀는 사실은 딸과 헤어지고 싶지 않으면서도, 마치 딸이 빨리 자신의 곁을 떠나 행복한 결혼생활을 하기 바라는 듯한 표현을 한다. "지금 사귀고 있는 남자가 다섯 살이나 어린데 그 남자와 결혼하겠다고 나서는 것은 아닌지 걱정이에요."라고 말하면서 딸을 지배하려 한다. 그 대신 "나는 남편이 싫어서 이혼했어요. 지금은 딸에게 의지하고 있어요."라고 말한다면 자신의 위치를 올바르게 이해하고 있는 사람이라고 볼 수 있다. 그렇게 스스로를 알아야 행복하게 살아갈 수 있는 길이 열린다.

하지만 이 여성은 자신의 위치를 올바르게 이해하지 못하고 있기 때문에 딸에 대한 불신감을 끌어안은 채 눈치를 보고 있고, 아무리 열심히 노력해도 모든 일이 뜻대로 풀리지 않는다고 생각하는 것이다. 딸에 대한 불신감도 당연히 사라지지 않는다. 자신의 진정한 동기는 인정하지 않고 끝까지 딸의 행복을 위해서라고 주장하기 때문에 힘들어지는 것이다.

프로이트는 "자신에게 솔직해지는 것은 인간이 할 수 있는 최선의 삶이다"라고 말했다.• 일흔 살이 된 그녀가 장래를 걱정하는 것은 당연하다. 그러나 그 고민의 원인은 20년 동안 자신에게 거짓말을 해온 탓이다. 그녀가 인생에 대한 고민에 빠져 있는 원인은 전남편의 알코올의존증도 아니고, 딸의 게임 중독도 아니다. 물론 딸의 결혼 문제도 아니다. 자신에게 거짓말을 하면서 자신의 위치를 올바르게 이해하지 못하고 있기 때문에 발생하는 것이다.

현재의 고민을 어제의 사건과 연결해서는 안 된다. 그래서는 고민이 해결되지 않는다. 사태가 나빠진 원인을 과거의 특정한 사건 탓으로 떠넘기는 것으로는 문제를 해결할 수 없다.

• Abraham H. Maslow, *Toward a psychology of being*, D. Van Nostrnd Co. Inc., 1962. 우에다 요시카즈(上田吉一) 역, 《완전한 인간》, 세이신쇼보, 1964, p.91.

현실을 받아들이면 새로운 길이 보인다

인간관계에서 마찰이 많은 이유는 자신이 심리적 문제를 끌어안고 있다는 사실을 인정하지 않기 때문이다.

> 암을 앓고 있다는 사실을 스스로 받아들이는 것이 암을 치유하는 첫걸음이다.•

맞는 말이다. 암뿐만이 아니다. 자신에게 심리적 갈등이 있다는 사실을 인정하는 것이 문제를 해결하는 첫걸음이다.

현실을 거부하는 것은 비생산적인 삶이다. 현실을 받아들이는

• Bill Moyers, *Healing and The Mind*, Public Affairs Television. Inc., 1993. 오노 요시쿠니(小野善邦) 역, 《마음을 치유하는 힘》, 소시샤(草思社), 1994, p.412.

것이 생산적인 삶이다. 현실을 받아들이면 자신의 위치가 보이기 때문에 새로운 길이 보인다.

잠들 수 없는 밤을 예로 들어보자. 잠이 오지 않으면 누구나 고통스럽다. 그러나 항상 숙면을 취하는 사람은 흔치 않다. 대부분은 잠이 오지 않아 고통스러웠던 경험을 가지고 있다.

잠들 수 없는 밤이라고 해도 사람에 따라 그것을 받아들이는 방식은 다르다. 긍정적으로 받아들이는 것이 생산적으로 살아가는 방법이다. 잠이 오지 않아서 수면제를 복용하는 이도 있다. 그러나 최고를 바란다면 수면제는 복용하지 말아야 한다. 수면제를 복용하지 않고 잠드는 것이 가장 좋은 방법이기 때문이다.

올바른 태도는 자신의 성숙하지 못한 정서적 심리를 있는 그대로 받아들이는 것이다. 불면을 있는 그대로 받아들인다는 것은 고통스럽지만 현실을 받아들이는 것이다. 잠이 오지 않는 것을 고통으로 받아들이는 것은 자신이다. 그러나 사람에 따라서는 잠이 오지 않는 상황도 즐거움으로 받아들이는 경우도 있다.

사람 유형 분류 가운데 억제형 인간과 비억제형 인간이 있다. 이것은 어쩔 수 없다. 다른 사람과 마찬가지로 숙면을 취하려고 애쓰는 것은 그 사람과 같은 키가 되기를 바라는 것과 같다. 숙면을 취할 수 없다는 현실을 아무리 억울하게 생각해도 도움이 될 것은 없다. 불면이 해결되지도 않는다. 불면은 더 연장될 뿐이다.

"내게 주어진 운명에 맞추어 산다."는 목적을 가지고 마음을 안정시키는 것이 무엇보다 중요하다. 또 현실을 있는 그대로 받아들임과 동시에 새로운 현실을 만들어나가는 것도 자신이라는 사실을 이해해야 한다.

노인의 복지와 권리 확대를 꾀하는 운동 단체인 '그레이 팬서Gray Panther'의 선전과 홍보를 담당하던 매기 쿤Maggie Kuhn이 일흔여섯 살이 되었을 때 노쇠에 관한 이야기를 했다.

"저는 암을 세 번 앓았어요. 하지만 지금은 건강해요. 손가락과 무릎에는 통풍도 있지만 이렇게 활발하게 움직이고 있잖아요."

이런 자신감은 어디에서 나오는 것일까? 자신을 속이지 않고 마음을 솔직하게 표현하기 때문이다. 그리고 자신의 질병을 있는 그대로 인정하고 받아들이기 때문이다.

3장

불안한 인간관계의 출발점 찾기

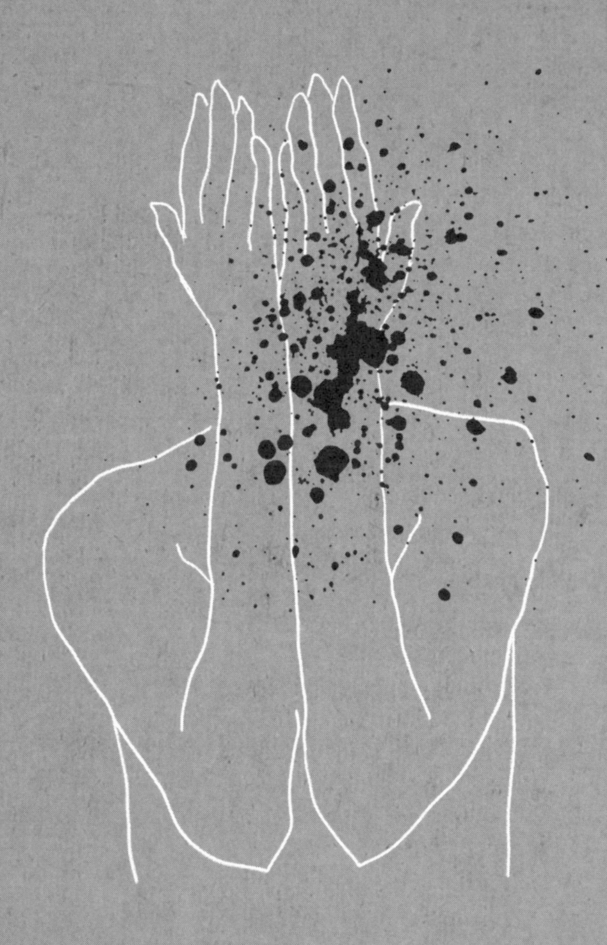

사랑받지 못했을 때 어떻게 하는가

어린 시절부터 어머니가 무서웠다는 서른세 살의 여성이 있다. 집에서는 막내딸이고 어머니는 예순다섯 살, 아버지는 예순일곱 살이다. 아버지에게는 야단을 맞은 적도 없고, 성적이 나쁘다고 꾸지람을 들은 적도 없다. 하지만 어머니는 감정이 북받치면 마치 뭔가를 억누르는 듯한 묘한 목소리를 낸다고 한다. 그 어머니는 직접적으로 지배하기보다 불쌍한 모습을 드러내 보이는 방법으로 딸을 조종하는 타입이다.

그런 어머니를 무서워하던 여성은 결혼을 했고, 남편은 그녀보다 한 살이 많았다. 그러던 어느 날, 남편이 유흥가에 다녀왔다는 사실을 알게 된 그녀는 큰 충격을 받았고, 다음과 같이 탄식조의 말을 내뱉었다.

"나 같은 사람은 태어나지 말았어야 하는데……. 나는 아무런 가치도 없는 인간이야."

그녀는 왜 그렇게 큰 충격을 받은 것일까? 어머니에게 사랑을 받지 못하며 성장한 그녀는 어머니의 사랑을 믿지 않는다. 그로 인해 어머니 이외의 다른 사람이나 다른 사람의 사랑도 믿지 못한다. 하지만 마음속으로는 누군가를 믿고 의지하고 싶어 한다. 그래서 무의식적으로는 아무도 믿지 않으면서도 의식적으로는 남편을 믿으려 했고, 남편에게 의존하는 마음이 강했다.

독일의 저명한 정신분석가인 프리다 프롬 라이히만Frieda Fromm-Reichmann은 이를 두고 어머니에게 사랑을 받지 못한 것이 사람에 대한 애정 욕구를 강화시키고, 그 결과 다른 사람에 대한 지나친 의존 심리를 낳는다고 설명한다. 즉, 지나칠 정도로 믿고 의존하던 남편에게 배신을 당했기 때문에 그녀의 충격은 다른 사람보다 유난히 컸던 것이다.

어머니는 그녀에게 "너는 자신감이 없기 때문에 늘 다른 사람이 뭔가 해주기를 바라는 거야."라고 화를 냈다. 하지만 그녀는 애정에 굶주려 있기 때문에 자기도 모르게 다른 사람이 무엇인가 해주기를 바랐다. 누군가가 자신을 위해 뭔가를 해준다는 것 자체에 큰 의미를 둔 것이다.

자신의 아이도 다른 사람이 돌보아주기를 바랐다. 그래서 어머니에게 부탁했는데, 어머니는 "감사할 줄 모르는 사람에게는 아무것도 해줄 수 없다."면서 이를 거절했다. 그녀의 어머니는 결국 딸에게 상처를 주면서 자신의 마음을 치유하고 있는 것이다.

그녀는 어린 시절 어머니에 대한 반항으로 벽에 머리를 부딪쳐 보기도 했고, 독서를 통해서 마음을 안정시키려는 나름의 노력도 해보았지만 마음속이 늘 불안했다.

아버지에게는 도움을 바라지 않았다. 아버지는 그녀에게 파괴적인 영향을 끼치지는 않는 대신 특별한 관심도 보이지 않았다. 어머니와 비교하면 아버지는 완전히 남이었다.

그녀는 어머니가 자신보다 언니를 더 사랑한다고 생각했기 때문에 어린 시절부터 늘 외로웠다. 어머니와 더 많은 대화를 나누고 싶었다. 그래서 어떻게 해야 어머니가 자신의 말을 들어줄지 고민하다가 심부름을 도맡아 해보았지만 소용이 없었다. 그다음에는 어머니가 자신의 말에 귀를 기울여주지 않는 이유를 자신의 말수가 적기 때문이라고 생각하고, 적극적으로 대화를 하려고 노력했지만 그것 역시 소용이 없었다.

방법을 바꾸어 이번에는 어머니의 말을 들어주기 위해 노력했지만 이것도 소용이 없었다. 아무리 노력을 해도 그녀가 원하는 결과는 얻을 수 없었다. 어머니는 큰딸이라는 이유로 늘 언니만을 자랑스러워했고 그녀는 모든 것을 언니에게 양보해야 했다. 모든 행동의 바탕에는 어머니에게 사랑을 받고 싶다는 심리가 깔려 있었다.

그러던 중 나이가 들어 결혼을 했고 아이를 낳았다. 에너지가 모두 소모되어 한계를 느꼈지만 그녀는 노력의 끈을 놓지 않고 나름대로 학교에 다니며 자격증을 취득하려고 했다.

그녀는 어머니가 무서운 것일까, 싫은 것일까? 정답은 싫은 것이다. 만약 어머니를 무서워만 한다면 어머니에게 아이를 맡기려 하지는 않을 것이다. 어머니를 싫어하지만 한편으로는 지금도 어머니에게 사랑을 받고 싶다는 바람을 버리지 않고 있기 때문에 어머니가 자신의 아이를 돌보아주기를 바란 것이다. 아무리 싫은 어머니라고 해도 사랑을 받고 싶은 것이 자식으로서의 바람이다. 이 경우에는 어린 시절에 사랑을 받지 못했기 때문에 사랑에 대한 집착이 더 강하다. 이런 모녀의 심리를 이해하지 못한다면 본질적으로 인간 자체를 이해할 수 없다.

그녀는 심지어 어린 시절 어머니의 관심을 끌기 위해 종이를 씹기도 하고 화장지를 삼키기도 했다. 골판지 상자를 벽에 집어던져서 큰 소리를 내보기도 했다. 하지만 어머니는 딸의 그런 모습을 보고도 대수롭지 않게 생각할 뿐이었다.

어머니는 왜 그녀를 그토록 매정하게 대한 것일까? 바로 자신의 부부 관계가 나쁘기 때문이었다. 남편에 대한 분노를 딸이 고통스러워하는 모습을 지켜보는 것으로 치유하고 있었던 것이다.

하지만 그녀는 "우리 부모님은 사이가 좋았어요. 함께 여행도 다녔어요."라고 말하며 여전히 어머니에게 사랑을 받고 싶어 했다. 이것은 완전한 외재화다. 그녀는 "우리 부모님은 사이가 좋았다."라고 생각하고 싶은 바람을 현실인 것처럼 여기고 있다. 그녀는 환상의 세계에서 살고 있는 것이다.

바람이 현실을 보는 눈을 일그러뜨린다

만약 그녀가 어머니의 관심을 끌기 위해 종이를 씹거나 벽에 머리를 부딪치는 행동을 하는 대신 어릴 때부터 심리적으로 자립할 수 있는 방법을 찾았다면 그녀의 부모는 이혼했을 것이다.

어머니는 그녀를 고통스럽게 만들며 부부 관계의 모순을 해결하고 있었다. 그런데 고통스러워하던 아이가 자립을 하면 남편과의 갈등에 직접적으로 맞서지 않을 수 없기 때문에 그 갈등을 이겨내지 못하고 이혼했을 가능성이 높아지는 것이다.

그녀의 어머니에게는 남들의 시선과 남편밖에 존재하지 않는다. 자녀는 중요한 존재가 아니다. 그 어머니의 마음속에는 남편밖에 없지만 남편을 믿지는 않는다. 딸인 그녀는 이 사실을 먼저 이해할 수 있어야 자신의 위치도 올바르게 이해할 수 있다.

남자 형제도 있지만 어머니는 아들은 괴롭히지 않고 딸만을 괴롭힌다. 하지만 직접적으로는 공격하지 않는다. 예를 들어 냉장고에 달걀이 없는 경우 어머니는 "냉장고 안에 있던 달걀, 누가 먹었니?" 하고 말한다. 이것은 어머니가 딸에게 고통을 주는 말이다. "네가 먹은 것 아니니?"라는 의심과 다르지 않기 때문이다. 어머니는 이런 식으로 딸을 괴롭히는 행위를 통하여 남편에 대한 불만을 표현한다. 그러면서도 딸을 직접 공격하지는 않고 흐느껴 우는 방법으로 자신의 감정, 즉 분노를 표현한다. 사실, 알고 보면 어머니 역시 사랑을 받지 못하고 성장한 사람일 것이다.

딸의 마음은 아직도 정리되어 있지 않은 상태다. 그렇기 때문에 계속해서 "어머니가 이런 사람이었으면……." 하는 바람으로 어머니를 바라보고 있는데, 그 상태가 계속된다면 앞으로도 그녀의 인생은 고단할 것이다.

그녀에게 중요한 것은 자신의 응석이 어머니에게 통하지 않는다는 사실을 자각하는 것이다. 삶에 능숙한 사람도 있고 서툰 사람도 있는데, 그녀는 서툰 사람 쪽에 해당한다. 이 사실도 자각해야 한다.

그녀는 어머니에게 사랑을 받고 싶어 열심히 '착한 아이'로 행동했지만 그 모든 것은 쓸모없는 노력이었다. 그녀가 자신의 위치를 올바르게 이해하려면 어떻게 해야 할까? 우선 어머니는 자신의 응석을 받아줄 수 있는 사람이 아니라는 사실, 어머니는 자신의 마음을 전혀 이해하려 하지 않는다는 사실을 인정하고 그 이유를 납득해야 한다. 서로를 신뢰하지 않으면서도 어머니가 응석을 받아주기를 바라는 것은 무리다. 이런 사실을 자각하는 것이 그녀가 자신의 위치를 올바르게 이해하는 것이며 마음을 정리할 수 있는 방법이다.

자신의 위치를 올바르게 이해한다는 것은 자신을 둘러싼 인간관계를 객관적으로 판단하고 정리하는 것이다. 이 사람과의 관계는 선배와 후배, 이 사람과의 관계는 연인 사이, 이 사람과의 관계는 사제 관계, 이 사람과의 관계는 신뢰를 바탕에 둔 업무 관계, 이 사람과의 관계는 우연히 함께 일을 하게 된 업무상의 관계 등 주변 사람들과의 거리감을 정확하게 이해하는 것이다.

몇 번 만나지도 않은 거래처 사람에게 소꿉친구에게나 바랄 수 있는 것을 요구한다면 당연히 문제가 발생한다. 상대는 그렇게까지 친절해야 할 필요는 없다고 생각하기 때문이다. 단순한 친구 관계인 이성에게 연인의 모습을 기대하는 경우 역시 문제가 발생하고, 연인에게 어머니의 모습을 요구할 때도 물론 문제가 발생한다.

자신의 위치를 올바르게 이해하면 대처 방법도 알게 된다.

앞에서 말한 여성의 경우, 가능하면 어머니와 접촉하지 않는 것이 바람직하다. 어머니의 마음속에는 그녀가 존재하지 않는다. 그녀와 함께 있을 때에도 어머니의 마음은 다른 장소에 가 있다.

이 어머니의 상태를 극단적으로 비유하자면, 알코올의존증에 걸린 사람이 술을 마시지 않을 때의 심리 상태와 같다. 알코올의존증에 걸린 사람은 술을 마시지 않는 순간에도 술만 생각한다.

어머니의 머릿속에 존재하는 대상은 남편뿐이다. 남편 의존증이라고 생각하면 이해하기 쉬울 것이다. 그리고 그런 집착이 발생하는 이유는 어머니가 남편을 믿지 않기 때문이다. 어머니 자신이 애정 결핍 상태로 성장했기 때문에 남편에게 모든 것을 걸었고, 불신 때문에 집착하는 양상을 보이면서도 남편을 믿지는 않는다.

이 모녀의 관계는 어머니와 딸의 관계라기보다 신세를 지면 돈을 지불해야 하는, 친밀감이 없는 일반적 이해관계에 가깝다. 모녀 관계에도 다양한 형태가 있다. 자신의 모녀 관계를 다른 모녀 관계와 비교하면 안 된다. 다른 모녀 관계처럼 만들어보려고 아무리 열심히 노력해도 소용없다.

그녀가 어머니를 있는 그대로 인식하지 못하는 이유는 어머니에게 심리적으로 의존하고 있기 때문이다. 그녀는 애초에 자애로운 어머니가 될 수 없는 어머니에게 자애로운 모습을 바라는 것이다. 어머니라고 해서 모두가 애정적 측면에서 똑같이 행동하는 것은 아니라는 점을 확실하게 인식해야 한다. 이 점을 명심하지 않으면 그녀는 평생 행복해질 수 없다. 원한과 고통으로 가득 찬 어두운 인생을 보낼 뿐이다. 자신의 생물학적인 어머니는 자녀를 사랑할 수 있는 어머니가 아니라는 사실을 확실하게 이해할 수 있어야 한다.

하지만 보통 이런 어머니를 둔 사람이 자신의 위치를 망각하고, 어머니와 바람직한 애착 관계를 가지고 자란 사람에게 뒤지지 않는 인생을 살려고 하기 때문에 모든 것을 잃게 된다. 우울한 기분과 불안감에 휩싸인 인생을 보내는 것이다.

가슴 아픈 현실을 있는 그대로 받아들이고 이해한다는 것은 감정적으로 매우 어려운 일이지만, 그렇지 않을 경우 죽을 때까지 어머니에게 끌려다닐 수밖에 없다. 죽을 때까지 끌려다닌다는 것은 죽을 때까지 다른 사람에게 의존하는 마음으로 살아간다는 뜻이다. 결국에는 가슴속에는 증오와 불만이 가득 차게 된다.

어머니와 좋은 애착 관계를 이루지 못하고 자란 사람에게도 그에 걸맞은 행복은 존재한다. 자신의 위치를 올바르게 이해한 상태에서 자신에게 걸맞은 삶의 방향을 선택한다면 자신에게 주어진 고유의 행복을 발견하거나 만들어갈 수 있다. 반대로, 마음속에 증오만 쌓이면 아무리 좋은 환경에 놓여 있어도 인생을 지옥처럼 느낀다. 그 결과 평생 불행해하면서 살게 된다.

사랑받고 싶다는 욕구

이해관계를 애정 관계로 착각하기 때문에 평생 불행한 사람들이 있다. 평생 불행하다는 의식 속에서 살아가는 사람들은 '사랑받고 싶다'는 자신의 욕구를 컨트롤하지 못하는 경우가 많다. '사랑받고 싶다'는 욕구 때문에 현실을 냉정하게 바라보지 못하는 것이다.

남편에 대한 집착이 강해서 자녀를 돌아볼 겨를이 없는 어머니가 있다. 어머니는 자녀에게 사랑을 베풀 줄 모르는 냉정한 사람이다. 하지만 자녀는 "우리 어머니는 좋은 분이야."라고 주장하며 현실을 거부한다.

그러나 아무리 현실을 거부해도 마음 깊은 곳에는 자신을 무시한 어머니에 대한 증오가 쌓여 있다. 이때 의식과 무의식의 괴리가 발생하는데, 이 경우의 가장 큰 문제는 사람들과 마음을 터놓고 지낼 수 없다는 것이다.

현실적인 어머니를 올바르게 인식하는 것이 당사자의 입장에서는 큰 고통일 수도 있다. 감정적으로 매우 어려운 일이 분명하다. 그러나 감정적 고통과 현실적 고통은 다르다.

보통 자녀에게 어머니는 매우 중요한 존재이기 때문에 어머니에게 적대감을 가지는 즉시 모순이 발생한다. "어머니는 내게 중요한 사람이야."라고 생각하는 마음을 가지고 있는 데 반해 현실적으로 존재하는 실제의 어머니는 가혹하다. 어머니로부터 고통을 받은 까닭에 증오를 느끼는 한편, 어머니는 여전히 중요한 존재다.

이 모순은 의존 심리가 있는 한 뛰어넘기 어렵다. 그 결과로 나타나는 것이 앞에서 소개한 어머니 때문에 고통을 받는 딸의 모습이다. 딸은 어머니에게 적대감을 느끼면서도 어머니를 좋은 사람이라고 생각하려고 한다. 그러다 문득 자신의 적대감을 깨닫게 되면 '어머니를 증오하는 자신'은 나쁜 딸이라는 죄책감이 고개를 치켜든다. 그리고 그 죄책감과의 싸움 때문에 더욱 고통을 받는다.

인간은 누구나 무력감과 의존성을 갖고 태어나기 때문에 자신의 내부에 모순이 발생하면 괴로워한다. 그러나 그 모순을 뛰어넘겠다는 자세를 갖추면 괴로움에서 벗어날 수 있다. 자립심과 자기실현을 위한 노력이 사람을 구원해 주는 것이다.

그런데도 의존적 욕구에만 매달려 결국 자신의 위치를 올바르게 이해하지 못한 채 생을 마감하는 사람이 있다. 어떤 경우에도 현실을 부인하는 태도는 지옥으로 가는 지름길이다. 감정적으로는 매우 힘든 일이지만 마음속의 모순, 감정과 현실의 모순을 뛰어넘지 않는 한 행복해질 수 없다.

앞에서 소개한 여성이 행복한 인생을 살고 싶다면 자신의 아이에게 마음껏 애정을 표현하는 쪽을 선택해야 한다. 어머니에게 사랑을 받고 싶다는 마음은 버리고 자신의 자녀와 새로운 사랑을 시작해야 한다. 이것이 마음을 치유할 수 있는 방법이다.

사랑을 베풀면 마음이 바뀌고 표정이 바뀐다. 자신에게 주어진 운명을 있는 그대로 받아들이고 자신의 위치를 올바르게 이해할 수 있어야 비로소 마음속 고민에 대해서도 올바른 해결 방법을 찾아낼 수 있다. 그것이 행복을 찾는 방법이다.

학대를 받아도 '좋은 부모'라고 말하는 심리

병에 걸린 사람의 심리에 따른 치료적 효과에 대해 다룬 책에 다음과 같은 말이 있다.

> 살기 위해서라면 무엇이건 하겠다는 강한 실행력은 현실을 있는 그대로 받아들이는 환자의 용기에서 비롯된다.•

앞에서 소개한 여성에게 어머니를 있는 그대로 받아들일 용기가 있다면 "가능하면 어머니와 접촉하지 말아야겠다."는 결론을 내릴 수 있다. 그래야 자신의 자녀에게 사랑을 쏟을 수 있기 때

• Bill Moyers, 앞의 책, p.412.

문이다.

억압의 가장 큰 원인은 정신분석가인 프롬 라이히만이 말하는 '고립과 추방'에 대한 두려움 때문이다. 그와 동시에 '부모를 좋게 생각하고 싶다'는 바람 역시 억압의 원인이 된다.

사람은 고립되는 것이 두렵기 때문에 자신의 진정한 감정을 감춘다. 마찬가지로 부모를 좋은 사람이라고 생각하고 싶기 때문에 부모의 본질을 의도적으로 곡해한다. "우리 부모님은 좋으신 분들이야."라고 생각하는 쪽이 심리적으로 안정을 주고, 모순을 일으키지도 않기 때문이다.

어떤 청년이 상담실로 나를 찾아왔다. 그는 아버지로부터 거의 매일 폭행을 당해 온몸이 상처투성이였다. 그럼에도 그가 "우리 아버지는 훌륭한 분입니다."라고 말하는 것을 듣고 나는 깜짝 놀랐다. 처음에는 도대체 어떤 사고방식을 갖고 있기에 그렇게 말하는지 이해할 수 없었다.

그러던 중 사람에게는 저마다 부모를 좋게 생각하고 싶은 강한 바람이 존재한다는 사실을 깨닫게 되면서 그 청년의 심리를 이해할 수 있었다. 청년은 부모와의 관계에서 발생하는 감정 때문에 괴로워하고 있었다. 스스로의 안위에 대한 바람과 '부모를 좋게 생각하고 싶다'는 욕구가 마음속에 동시에 존재하기 때문에 상황에 따라 다양한 감정을 억누르면서 살고 있었다.

그는 아버지에게 학대를 받아 고통을 당하고 있으면서도 "우리 아버지는 훌륭한 분입니다."라고 말한다. 이것은 그가 아버지를 부정하는 순간 외로워지기 때문이다. 이런 말을 하는 사람들은 대부분 따뜻한 사랑을 체험한 적이 없다. 아무리 가혹한 학대를 받아도 그런 부모에게 감사하다고 말하는 심리에는 외로움을 기피하는 인간의 본질이 존재한다.

부모를 좋게 생각하고 싶다는 욕구와 학대하는 부모를 증오하는 마음은 양립할 수 없다. 따라서 무의식중에 어느 한쪽을 밀어내게 되는데, 대부분의 경우 부모를 좋게 생각하고 싶다는 욕구가 앞선다.

이들은 부모에게 사랑을 받지 못할수록 부모가 자신을 사랑하고 있다는 증거를 원한다. 그래서 별것 아닌 것이라도 최대한 포장을 하여 "부모님은 나를 이 정도로 사랑하고 있다."고 말한다. 예를 들어, 어린 시절에 병에 걸렸을 때 부모가 단 한 번 병원에 데려간 적이 있다고 하자. 그럴 경우 그 경험만을 내세우며 그것이 부모님이 자신을 사랑하는 증거라고 주장하는 것이다.

사람들에게
잘 보이고 싶은 욕구

독일의 정신의학자 텔렌바흐Hubertus Tellenbach는 우울증에 걸릴 가능성이 높은 사람들을 '멜랑콜리melancholy 유형'이라고 말한다. 멜랑콜리 유형은 업무의 양과 질에 있어서 스스로에 대한 욕구나 기대치가 지나치게 크다. 더구나 그 업무의 양을 줄이거나 질을 떨어뜨리려 하지도 않는다.

이것은 다른 의미에서 '자신감이 없다'는 표현이다. 즉, 자신의 위치를 올바르게 이해하지 못하고 있는 것이다. 자신에게 적합한 목적이 무엇인지 모른다. 이들의 목적은 자립적 욕구에서 발생하는 것이 아니라 의존적 욕구에서 발생하기 때문이다. 따라서 일반적 업무에서 어느 정도의 선이 적당한지, 자신은 그것을 해낼 수 있는 사람인지에 대한 판단이 없다.

멜랑콜리 유형에게는 "현실적으로 내가 할 수 있는 일은 무엇인가?" 하는 관점이 없다. 자신의 업무에 대해 자신이 할 수 있는 일인지 아닌지 판단할 수 있는 관점이 있어야 한다. 그런 관점이 갖추어져 있어야 자신의 위치를 올바르게 이해할 수 있다. 하지만 자기 부재 상태에 놓여 있어 이 부분의 상황 판단을 할 수 없다는 것이 멜랑콜리 유형의 기본적인 특징이다.

업무를 통하여 스스로에게 지나치게 높은 수준을 요구하는 원인은 사람들에게 잘 보이고 싶다는 의존적 욕구 때문이다. 그들은 자신이 하고 있는 일을 좋아하지 않는다. 공부가 재미있어서 공부를 하는 것이 아니라 성적을 올려서 남에게 잘 보이려는 목적으로 공부하는 사람을 그 예로 들 수 있다.

의존적 욕구가 강한 사람, 즉 자신감이 없는 사람은 지나치게 열성을 보이다가 병에 걸리기 쉽다. 하지만 그는 "나는 병원에 입원할 정도로 열심히 일했다."는 부분을 더 강조한다.

만약 어떤 어려운 책을 읽었다고 하자. 사람들이 '대단하다'고 감탄한다. 그날은 10쪽을 읽었다. 그리고 다음 날은 그다지 읽고 싶은 마음이 없었지만 2~3쪽만 읽는 것이 께름칙해 역시 10쪽을 읽었다. 2~3쪽만 읽는다면 '대단하다'는 칭찬을 들을 수 없기 때문이다.

만약 정말로 그 책을 읽고 싶어서 읽는 경우에는 어떨까? 자신에게 지나친 요구를 하지 않는다. 그 책을 읽는 것 자체가 재미있기 때문에 사람들이 칭찬해 주지 않더라도 읽고 싶은 책을 읽을 수 있다는 데에 충분한 만족감과 즐거움을 얻는다.

"이 약을 먹으면 건강해진다."는 말을 듣고서 모두 함께 그 약을 복용하기 시작했다. 어떤 사람은 약이 너무 쓰고 자신에게는 그다지 필요하지 않다는 생각이 들었지만 다른 사람들이 모두 복용하는데 자신만 빠지는 것이 왠지 마음에 걸려 "나도 이 정도만 먹어볼까?" 하며 적당한 양을 복용한다. 이후로는 그 양을 줄이고 싶어도 사람들의 시선이 두려워 처음의 양을 계속 유지한다. 그리고 어느 순간, 약을 복용하는 것이 귀찮아지고, '이 정도'라는 양도 부담스러워하며 고통스러운 시간을 보낸다. 복용을 끊을 경우 사람들의 시선과 질타가 두렵기 때문이다. 그래서 자신의 한계를 초월해 가며 지쳐 쓰러질 때까지 계속 약을 복용한다.

자신의 위치를 올바르게 이해하고 있는가, 그렇지 않는가 하는 문제는 행복과 불행을 결정짓는 매우 중대한 문제다.

의식과
무의식의 모순

신경증에 걸린 사람은 무의식적으로 자신을 멸시하고 있으면서도 의식적으로는 자신을 화려한 영광 속에 놓는다. 심리적으로 건강한 사람에게는 자기 영광화와 자기 멸시가 공존할 수 없다. 그러나 신경증에 걸린 사람에게는 이 두 가지의 공존이 모순되지 않게 느껴진다.

신경증에 걸린 사람은 자신의 내부에 의식과 무의식의 괴리가 존재한다는 사실을 깨닫지 못한다. 현실은 자기 영광화라는 가면을 뒤집어쓰고 있지만, 본인은 그것이 가면이 아닌 '실제의 자신'이라고 생각한다. 이는 부하 직원이 한 명도 없는데 집단의 리더라고 생각하는 것과 같다.

신경증에 걸린 사람은 자신의 진정한 모습을 대면한 적이 없다. 따라서 진정한 자신이 어떤 존재인지 모른다. 우리가 어떻게 자신을 대면하는가 하는 관점에서 생각하면 자기 멸시와 자기 영광화는 결코 공존할 수 없음을 인지해야 한다.•

의식과 무의식이 모순될 경우, 진정한 의미에서의 자아 확립은 이루어질 수 없다. 자신의 위치를 올바르게 이해하는 것이 곧 자아 확립이기도 하다. 자아가 확립되어 있다는 것은 사회에서 자신의 위치를 정확하게 이해하고 있다는 뜻이다. 마음속에도 튼튼한 성벽이 갖추어져 있다.

"나는 이런 일을 하고 싶다."

"나는 이렇게 살고 싶다."

이것이 자립적 욕구다. 이런 자립적 욕구를 자각해야 "나는 어떤 존재인가?"에 대한 답을 찾아낼 수 있다.

정신분석학자 카렌 호나이는 "신경증 환자에게는 자신을 위한 에너지가 없다."고 말했는데, 이는 신경증 환자에게 자립적 욕구가 없다는 뜻이기도 하다. 신경증 환자는 "나는 이런 평가를 받고 싶다.", "나는 이런 말을 듣고 싶다.", "나는 사람들에게 미움을 사고 싶지 않다."는 의존적 욕구만을 강하게 느낀다.

• Karen Horney, 앞의 책, p.188.

자립적 욕구는 '계곡에 피어 있는 꽃'과 같다. 계곡에 피어 있는 꽃은 사람들의 눈에 띄지 않아도 만족스럽게 아름다운 꽃을 피운다.

의존적 욕구가 강하면 자아 확립이 어렵고, 자신의 위치를 올바르게 이해하기도 어렵다. "나는 이런 말을 듣고 싶다."가 아니라 "나는 이렇게 살고 싶다."는 자립적 욕구가 정립되어야 자신의 위치를 올바르게 이해할 수 있다. 만약 거북이 "나는 거북이다."라는 사실을 확실히 인지했다면 절대로 토끼와 경쟁하지 않았을 것이다. 거북에게 그런 자아가 확립되어 있지 않기 때문에 자신의 위치를 모르고 토끼와 경쟁을 하는 것이다.

의존적 욕구가 강하면 다른 사람과 경쟁하지 않겠다고 생각하면서도 자기도 모르게 경쟁하는 삶을 살게 된다. 그래서 "신경 쓰지 말자."고 아무리 마음을 다잡아도 자기도 모르게 다른 사람의 말과 시선에 신경을 쓰게 된다.

이들에게는 사람들에게 미움을 사지 않기 위한 에너지, 사람들에게 호감을 얻기 위한 에너지는 있지만 자신이 하고 싶은 일을 위해서는 에너지가 없다. 아니, 그보다 자신이 무엇을 하고 싶은지에 대한 욕구 자체가 존재하지 않는다. 자신이 좋아하는 일이 무엇인지조차 모르는 것이다.

대기업에 임원으로 근무하던 사람이 정년퇴직을 한 이후에 우울증에 걸렸다. 원인을 진지하게 생각해 보니 그동안 좋아하는 대상이 없었다는 사실을 깨달았다. 뒤늦게 좋아하는 일을 찾아보려고 노력했지만 결국 찾을 수 없었다. 오랜 세월 동안 오직 다른 사람들로부터 존경받고 싶다는 의존적 욕구에 따라 살아온 탓에 자신이 하고 싶은 일이 무엇인지 알 수 없게 되어버린 것이다.

우수한 학생이 아무 까닭 없이 갑자기 학업에 대해 무기력해지는 현상인 스튜던트 애퍼시student apathy, 즉 '대학생 무기력증'을 앓는 학생도 마찬가지다. 고등학교 시절 입시만을 목표로 살다가 원하는 대학에 입학하는 순간 무기력한 상태에 빠지는 것이다.

대기업 임원 출신의 이 남성도 회사에서 일을 하고 있을 때에는 다른 사람들로부터 "비판받고 싶지 않다.", "바보 취급을 당하고 싶지 않다."는 마음에 누구보다 열심히 일했다. 그러나 그 이외에는 행동의 동기가 없었다. 그렇게 일하는 동안 그의 내면세계는 공허하게 비어갔지만, 재직 당시에는 그런 마음의 빈 공간을 깨닫지 못했다. 냉장고 속이 텅 비어 있어도 냉장고를 열어보지 않고는 그 사실을 알 수 없는 것과 같다. 그는 자아는 물론이고 자신의 진정한 위치도 알 수 없게 된 것이다.

인간관계에서는 거리감이 중요하다

의식과 무의식의 괴리가 존재하는 경우, 가장 큰 문제는 사람과 마음을 열고 교류할 수 없다는 것이다. 가벼운 조증 상태인 사람은 얼핏 친구가 많은 것처럼 보이지만 정말로 친한 사람은 없다. 의식과 무의식의 괴리가 있기 때문이다. 이들은 다른 사람의 언행에 쉽게 마음이 흔들린다. 프롬 라이히만은 이에 대해 다음과 같이 말했다.

> 가벼운 조증 상태인 사람은 표면적으로는 마음을 주고받을 정도로 친한 사람이 많이 있는 것처럼 보인다. 그러나 좀 더 면밀하게 살펴보면 우정이나 친근감이라는 의미에서 볼 때 그에게 마음을 주고받을 수 있는 진정한 친구는 존재하지 않는다는 사

실을 알 수 있다.•

친한 사람은 없지만 알고 지내는 사람은 많다. 난처할 때에 도움을 받을 수 있는 사람은 없지만 만나는 사람은 많다. 이것이 최악의 상태다. 쓸모없는 물건을 구입하면서 돈을 지출하는 행위와 다를 것이 없는 인간관계다. 주변에 질 나쁜 친구가 있다면 그 수가 많든 적든 큰 의미가 없다. 이들과의 교류로 바람직하지 못한 생각에 빠져 마음고생만 할 뿐 삶의 질에는 전혀 도움이 되지 않는다.

가장 바람직한 것은 올바른 삶을 살고 있는 정말로 친한 친구 몇 명이 있는 것이다. 그다음으로 바람직한 상태는 친한 사람이 전혀 없는 것이다. 최악의 상황은 앞에서도 말했다시피 친한 사람은 없지만 만나는 사람만 많은 상태다.

이는 아이의 성장에 있어서 어떤 가정이 좋은가 하는 문제와 마찬가지다. 아이의 성장에 있어서 가장 좋은 가정은 아버지와 어머니의 사이가 좋은 가정이다. 그다음은 부모가 이혼을 해서 각각

• Frieda Fromm-Reichmann, *Psychoanalyses and Psychotherapy*, University of Chicago Press, 1959. 하야사카 다이지로(早坂泰次郎) 역, 《인간관계의 병리학》, 세이신쇼보, pp.309~310.

안정된 생활을 하고 있는 가정이다. 가장 나쁜 것은 아버지와 어머니의 사이는 나쁜데 어쩔 수 없이 함께 생활하는 가정이다.

친구라고 생각하는 사람은 있는데, 진정한 친구는 없는 상태라는 사실을 본인이 자각하고 있다면 그래도 다행이다.

친한 친구가 있다고 믿는 사람이 있다고 하자. 예를 들면, 고등학교 시절의 친구다. 하지만 정년퇴직을 한 뒤에 시간이 남아돌아도 서로 만나지 않는다면 그들을 친한 친구 사이라고 말할 수 있을까? 그런 사람은 가상현실 속에서 살고 있는 것이다. 외부 대상을 통하여 마음속의 바람을 보고 있을 뿐이다.

즉, 친구가 필요하다는 바람을 친하다고 생각하는 사람을 통하여 보고 있는 것이다. 현실에 존재하는 상대와 자신의 거리감을 확인하고 관계성을 판단하는 것이 아니라 친구가 있으면 좋겠다는 자신의 바람을 그 사람을 통하여 충족시키고 있을 뿐이다. 그런 사람에게 현실은 아무런 상관이 없다. 그는 가상세계에서 자신의 욕구만 바라보고 있을 뿐이다.

1997년 3월에 비행접시가 자신들을 천국의 문으로 안내할 것으로 믿고 집단 자살을 한 헤븐스 게이트Heaven's Gate의 신도들도 같은 맥락에서 해석할 수 있다. 그들은 함께 자살을 선택했지만 서로 마음을 주고받을 정도의 친밀한 관계는 아니었다. 서로를 동료라고 생각했지만 실질적으로는 동료가 아니었던 것이다.

그들은 평소에 서로를 '형제자매'라고 불렀다. 형제자매가 있으면 좋겠다는 바람을 서로를 통하여 충족시키고 있었던 것이다. 즉, 형제자매라고 생각하고 싶기 때문에 서로를 그렇게 부른 것이다.

그들이 만약 '자신은 가족이 필요하지만 그런 가족이 없다'는 자신의 위치를 올바르게 이해하고 그 이유가 무엇인지 진지하게 생각해 보았다면 어떻게 살아야 할 것인지 그 길이 보였을 것이다. '자신은 가족을 원하지만 가족에 대한 의무와 책임은 싫어한다'는 사실을 이해하고 인정했다면 행복으로의 길이 열렸을 수 있다. 생물학적인 가족 관계를 회복할 수는 없다고 해도 적어도 자신의 위치는 올바르게 이해할 수 있지 않았을까? 그런 이해가 있었다면 서로를 형제자매라고 부르지만 심리적 유대 관계도 형성되지 않은 사람들과 함께 자살을 선택하는 결과는 낳지 않았을 것이다.

불안에 휩싸인 사람은 인간관계의 거리감을 인지하지 못한다. 부탁을 할 정도로 친한 사람이 아닌데 부탁을 한다. 친한 사람에게 부탁해야 할 일을 그다지 친하지도 않은 사람에게 부탁할 때에는, 주변에 친한 사람이 없다는 사실을 자각해야 한다. 그런 현실을 자각할 수 있으면 인간관계에서의 자신의 위치를 올바르게 이해할 수 있다.

가령, 상담사를 상대로 길고 친밀한 편지를 쓰고 있을 때 자신의 주변에 친한 친구가 없다는 사실을 깨닫는 것이 자신의 위치를 올바르게 이해하는 태도라고 볼 수 있다. 만약 친한 친구가 있다면 상담사를 상대로 장황한 내용의 편지는 쓰지 않을 것이다.

이런 이야기, 저런 이야기를 마음 놓고 털어놓을 수 있는 사람이 친구다. 다른 사람의 험담 정도를 편하게 주고받을 수 있는 사람이 친한 사람이다. 몇 번 만나지도 않은 사람에게 중요하지도 않은 이야기를 주저리주저리 글로 적어 전하려고 한다면 주변에 그런 친구가 없다는 뜻이다.

그런데도 주변에 친한 사람이 있다고 착각한다. 그런 사람들은 친한 사람과 얼굴만 알고 지내는 사람의 차이를 이해하지 못하는 사람, 인간관계의 거리감을 모르는 사람, 자신의 위치를 모르는 사람이다.

진정한 친구인가, 환상 속의 친구인가

현실적으로는 친구가 없는데 자신은 친한 친구가 있다고 생각하는 것은 친한 친구가 있다고 믿고 싶은 바람을 외재화한 결과일 뿐이다. 자신의 바람을 얼굴만 알고 지내는 사람을 통하여 보고 있을 뿐이다. 그 사람은 친구가 아닌데, 혼자 '친구'라고 착각하고 있는 것이다.

고등학교 시절에 정말로 친구라고 믿고 마음을 주고받았다면 취직을 한 뒤에도 만나고 싶어야 한다. 만약 그 사람들이 진정한 친구라면 정년퇴직을 한 뒤에도 교류는 지속된다. 또 그 사람이 세상을 뜬다면 진심으로 눈물을 흘릴 것이다.

인생에 대한 불안감에 시달린 사람들 대부분은 현실 세계가 아니라 환상의 세계에 살고 있다. 친구이건 가족이건 모두 환상의 세계에 존재한다. 집단 자살을 한 헤븐스 게이트의 신도들이 특수한 사람들이라고 생각할 수 있지만 사실은 그렇지 않다. 본질적으로 그와 비슷한 인간관계 속에서 살고 있는 사람은 얼마든지 있다. 헤븐스 게이트 신도들은 자신들이 더할 나위 없이 친한 동료라고 생각했지만 현실적으로는 제각각이었다.

인생에 대한 심각한 고민에 사로잡힌 사람에게 가족에 관해 물으면, "우리 가족은 훌륭한 가족입니다."라고 대답하는 경우가 많다. 하지만 그들은 전형적인 가족이라는, 스스로 만든 가상현실 속에서 살고 있을 뿐, 현실적으로는 가족이라고 표현하기조차 어려울 정도로 관계가 나쁜 경우가 많다. 자신이 심각한 고민에 빠져 있는데 가족들이 아무런 도움도 주지 않는다면 과연 가족이라고 할 수 있을까? 하지만 당사자는 그런 현실을 전혀 의식하지 못한다. 유산을 상속받을 때도 반드시 마찰이 발생한다. '반드시'라는 표현이 극단적이라면 '자주'로 바꾸어보자.

"아, 나는 우리가 사이좋은 가족이라고 생각했지만 사실은 제각각이었어."

이런 현실을 인정하게 되면서 자신의 위치에 대해서도 올바르게 이해하게 된다.

피터팬신드롬Peter Pan Syndrome을 앓고 있는 사람은 자신에게 친구가 많다고 생각하지만 진정한 친구는 한 명도 없다.

"젊은 시절에 나는 친구가 없었어. 그래서 직장인이 된 이후에도 만날 사람이 없는 거야."

이렇게 생각하면 자신의 위치가 보인다. 현실을 확실하게 인정하면 새로운 인생을 시작할 수 있다.

자신의 바람을 외재화하고 있거나, 또는 환상의 세계에서 살고 있는 한 자신의 위치는 절대로 알 수 없다. 안개 속에 싸인 불투명한 세계에서 살고 있는 것과 같다. 그 심리에는 정체를 알 수 없는 불만이 존재한다. 다시 말해서, 주변에 친한 사람이 많다고 생각한다면 분명히 그들로 인해 행복해야 하지만 왠지 현실적으로는 행복감을 느낄 수 없다. 즐거워야 하지만 현실적으로는 즐겁지 않은 것이다.

마음이 약하기 때문에 무장한다

꽃집에서 일하는 스물네 살의 대인공포증 환자가 있다. 그는 사람을 대하면 부드럽게 바라보지 못하고 '노려본다'. 사실 그는 마음이 매우 약한 사람이다. 낯선 사람을 만날 경우, 자신의 강인함을 과시하지 않으면 불안한 마음을 견디지 못해서 상대를 노려보는 것이다. 그 사람의 '노려보는' 행위는 일종의 자기방어다. 마음은 약해도 돈이 많은 사람은 다이아몬드를 착용하여 자기를 방어하지만, 이 사람은 돈이 없기 때문에 사람을 노려보는 방법으로 자기를 방어한다.

대인공포증을 앓는 사람은 상대가 친근하게 대해주지 않으면 불안해한다. 상대가 무뚝뚝하면 두려움을 느낀다. 상대가 자신을 공격할 것이라고 착각한다. 그렇기 때문에 상대가 공격하기 전에 먼저 노려보는 것이다.

반대로, 자신의 이야기를 들어주는 사람이 있으면 이상할 정도로 즐거워한다. 그런 사람에 대해서는 즉시 '친근한 사람', '좋은 사람'이라는 평가를 내린다. 눈앞에 존재하는 현실적인 상대를 냉정한 눈으로 바라보는 것이 아니기 때문에 갑자기 친해진다. 현실적인 거리감을 전혀 인지하지 못하는 것이다.

상대가 "세상에, 그렇게 힘들었군요."라는 식으로 자신을 이해하는 듯한 말을 해주면 기분이 좋아 어쩔 줄 모른다. 애정에 굶주려 있기 때문이다.

상대가 조금만 친절하게 대해주면 즉시 친한 사이라고 착각하고 마치 오랜 세월 관계를 가진 사람인 것처럼 친밀감을 보인다. 현실적인 거리감보다는 자신의 감정에 더 집착하는 것이다. 이런 사람에게는 현실이 존재하지 않고, 애정 결핍만이 존재한다.

외재화에 얽매여 살고 있는 사람은 현실을 볼 줄 모른다. 현실세계의 대상을 통하여 자신의 바람을 보고 있을 뿐이다. 상대에게 "이런 사람이었으면……." 하는 바람을 가지게 되면, 즉시 상대를 '이런 사람'으로 만들어버린다. 상대가 이상적인 연인이기를 바라는 순간, 상대는 이상적인 연인이 되어버리는 식이다. 상대의 현실적인 모습을 볼 줄은 모른다.

외재화의 전형적인 예는 컬트 종교 집단의 구성원들이다. 교주가 자신을 구원해 줄 수 있는 사람이기를 바라면, 그 순간 교주는 자신을 구원해 줄 수 있는 사람이 되어버린다. 현실적인 교주의 모습은 보이지 않는다.

대인공포증을 앓고 있는 사람이 가진 '거리감에 관한 착각'을 비유적으로 설명하면 다음과 같다.

대인공포증을 앓고 있는 사람은 자신은 무섭지 않다는 이유에서 뱀을 손에 들고 꽃집으로 들어간다. 자신이 뱀을 무서워하지 않기 때문에 다른 사람들이 무서워할 수 있다는 사실까지는 생각하지 못한다. 또 뱀을 다루는 자신의 능력을 상대가 칭찬해 주기를 바란다. 그럴 경우, 상대가 어떤 사람이든 그냥 자신을 칭찬해 주어야 하는 사람이 되어버린다. 하지만 상대가 그 능력을 칭찬해 주지 않으면 마음에 상처를 입고 상대를 원망한다.

반대로, 두려움이 많으면 상대방을 노려본다. 매서운 눈으로 노려보면 상대방이 기분 나쁘게 생각한다는 사실을 모른다.

"나는 화가 나면 무슨 짓을 저지를지 나 자신도 모릅니다."라는 식으로 말하는 경우도 있다. 이런 말을 하면 상대가 불안해한다는 사실을 모른다. 거기까지 생각이 미치지 못하는 것이다.

편지나 메일을 쓸 때에도, 그것을 읽었을 때 상대가 어떻게 받아들일지 생각하지 못한다. 자신의 감정에 관한 구구절절한 내용을 늘어놓은 이런 편지를 보내면 상대가 자신을 피할 것이라는 사실을 모른다. 이것이 자기 집착이 강한 사람의 전형적인 모습이다.

자기 집착이 강한 사람은 사람들에게 늘 칭찬을 받고 싶어 한다. 따라서 다른 사람의 시선에 지나치게 신경을 쓴다. 그리고 대부분 겁쟁이다.

자기밖에
모르는 사람

자기 집착이 강한 사람은 자신에게만 모든 신경이 집중되어 있기 때문에 상대의 마음까지 생각할 여유가 없다. 따라서 상대가 마음에 상처를 받을 수도 있다는 사실을 모르고 태연하게 심한 말을 내뱉는다.

대인공포증에 걸린 사람, 나르시시스트narcissist, 자기 집착이 강한 사람이 이런 경우에 해당된다. 악의가 있는 것은 아니지만 자기만 생각하는 자기중심적인 사람이다. 자기 집착은 다른 사람에게 받아들여지는 자신의 모습에 대한 집착이다.

인간관계가 원활하지 못해 고민하는 사람은 자기 집착이 강해서 인간관계에 거리감이 없다. 인간관계에 거리감이 없다는 것은 자신의 위치를 인식하지 못하고 있다는 뜻이다. 따라서 본인과 상대 사이에 어느 정도의 친밀감이 존재하는지도 이해하지 못한다.

예를 들어보자. 라디오 상담 코너에 '인생 상담'을 받기 위해 전화가 걸려온다. 그리고 잠시 후 전화를 건 사람이 상담사에게 다짜고짜 화를 낸다. 그는 자신이 전화를 건 목적이 무엇인지 인지하지 못하고 있는 것이다. 고민을 해결하기 위해 상담사에게 전화를 걸었지만 상담사의 답변이 마음에 들지 않아 화를 내는 것이다.

이런 사람은 상황에 따라 감정이 바뀐다. 자신이 고민을 해결하기 위해 전화를 걸었다는 본래의 목적을 인지하고 있다면, 당연히 상담사의 의견에 귀를 기울여야 한다. 그런데 화를 낸다. 즉, 이 사람은 의식적으로는 전화 상담을 하고 있지만 무의식적으로는 자신의 상황을 이해하고 동조해 주는 말을 듣고 싶어서 전화를 건 것이다. 고민 상담이라는 형식을 통하여 자신의 괴로움을 호소하고 싶고, 입으로는 상담이라고 하지만 사실은 '격려'를 듣고 싶은 것이다. 이런 사람은 상대를 자신 쪽으로 끌어들이려 한다.

이처럼 자신의 위치를 올바르게 인식하지 못하고 있는 사람에게는 의식과 무의식의 괴리가 존재한다. 자신이 개구리라는 사실을 받아들여야 자신의 주변 환경을 이해할 수 있다.

자신의 위치를 모르는 사람들은 현실적인 상황에 관심이 없다. "사람들에게 잘 보이고 싶다."는 의존적 욕구만 존재할 뿐이다. 상대가 자신을 어떻게 생각할지, 거기에만 관심이 있기 때문에 현실 인식은 없고 의존하고 싶은 욕구만 존재한다. 자신을 둘러싸고 있는 현실은 눈에 들어오지 않는다. 사람들과의 관계에서도 당연히 거리감이 없다.

이런 점에서 카렌 호나이의 '외재화'에 관한 정의가 곧바로 적용된다. 마음속에서 발생하고 있는 문제를 현실에서 발생하는 문제라고 착각하는 것이다. 자신이 어떤 사람인지를 깨닫는 것도 자신의 위치를 올바르게 이해하는 것이다.

의존적 욕구밖에 없는 사람의 입장에서 볼 때 자신이 다른 사람에게 어떻게 보이는가 하는 문제는 목숨이 걸린 중요한 문제다. 그 때문에 다른 사람에게 휘둘리는 인생을 살게 된다. 인생의 축을 잃고 살아가는 것이다.

전화를 통한 고민 상담뿐 아니라 편지를 통한 상담도 마찬가지다. 자신이 지금 고민이 있어서 편지를 쓰고 있다는 인식이 갖추어져 있지 않는 경우가 있다. 편지를 쓰고 있는 목적을 제대로 인식하지 못하는 것이다. 상대와 토론을 하고 싶은 것인지, 고민을 호소하고 싶은 것인지, 아니면 단순히 자신을 돋보이고 싶은 것인지 목적이 불분명하다. 그렇다고 자신의 의견을 주장하려는 것도 아니다. 편지를 받은 입장에서 "도대체 무슨 말을 하고 싶은 것입니까?" 하고 오히려 되묻고 싶어진다.

냉정하게 말하면 누군가를 상대로 "나는 이렇게 노력했습니다." 하는 자기 자랑을 늘어놓고 싶은 것일 뿐이다. 그래서 편지의 내용 전체가 허영심과 자기광고로 이루어져 있다. "이런 글을 쓰면 상대방은 나를 대단하다고 생각할 거야."라는 느낌이 드는 내용들이다. 자신의 사고방식을 일방적으로 늘어놓고 "어때?" 하고 물어보는 듯하다.

자신의 위치를 올바르게 이해하지 못하고 있기 때문에 글의 내용은 모두 자기중심적이다. 하지만 스스로는 그 편지가 커뮤니케이션이라고 생각한다.

문제는 자신의 위치를 모른다는 것

"저는 우울증을 앓고 있습니다."라고 편지는 시작된다. 하지만 우울증에 걸린 사람이 이런 편지를 쓸 수 있을지 의문이 들 만큼 편지의 내용은 장황하다. 마치 끊임없이 수다를 떠는 듯한, 자기 중심적인 편지를 쓰는 사람을 좋아하는 사람은 아무도 없다.

그는 내게는 친구가 있다고 말하지만 현실적으로 마음을 주고받는 친구는 없다. 친한 친구가 있다면 모르는 사람을 대상으로 수다를 떠는 듯한 편지는 쓰지 않는다. 자신에게 좋은 친구가 있다고 표현하는 것은 허영심이다. "저는 연인도 있고 친구도 있습니다."라는 표현 역시 허영이다. 이런 사람은 항상 주변 사람과 자신을 비교한다. 주변 사람은 친구가 있기 때문에 자기도 친구가 있다고 말한다. 그런 친구나 연인은 깨진 밥그릇과 같다. 즉,

활용할 수 없다.

본인은 친구가 있다고 말하지만 그가 친구라고 말하는 사람이 난처할 때에 그에게 도움을 주는 진정한 친구는 아니다. 지금까지 자신은 친구가 있다고 생각하고 있었지만 결국 고민을 상담할 만한 친구가 없다는 사실을 깨닫는 것, 이것이 자신의 위치를 올바르게 이해하는 태도다.

"지금까지 제게 친구가 있다고 생각했는데 마음을 털어놓고 고민을 상담할 사람이 없다는 사실을 알게 되면서 결국 저에게는 친구가 없다는 사실을 깨달았습니다."

이런 편지라면 매우 긍정적이다.

장래에 관한 상담도 마찬가지다. 자신의 장래를 본인이 직접 결정하려 하지 않는다. 비유적으로 설명하면 다음과 같다.

"저는 저녁 식사로 뭘 먹어야 좋을지 생각하고 있어요. 선생님께 직접 여쭤보고 결정하고 싶어요. 저는 고지방 식품은 먹으면 안 돼요. 당뇨병을 앓고 있기 때문이에요. 장수를 하려면 앞으로 저녁 식사에 어떤 음식을 먹어야 할까요?"

무슨 말인지 종잡을 수 없는 내용이다. 당뇨병을 앓고 있는 자신의 위치를 전혀 이해하지 못하고 있다. 지금 장수를 하기 위해 어떤 저녁 식사를 먹어야 하는가를 생각할 때인가? 당뇨병이라는 질병을 치유하는 것이 우선적으로 중요한 문제이지만 그는 그런 전후 관계조차 이해하지 못하고 있다.

지금은 다른 사람의 의견을 듣고 저녁 식사 메뉴를 선택할 때가 아니다. 장수를 생각할 때도 아니다. 일단 당뇨병을 치료할 수 있는 방법을 찾아야 한다. 하지만 이 사람은 그런 자신의 위치를 이해하지 못한다. 자신의 현실을 무시하고 끝없이 자신이 원하는 것만을 늘어놓는다. 당뇨병을 앓고 있다는 현실적인 상황은 전혀 생각하지 못하는 것이다.

이와 관련하여 흥미로운 옛날이야기 하나를 소개하겠다.

옛날에 밭을 일구며 열심히 살아가는 노부부가 있었다. 그런데 매일 고약한 너구리가 찾아와 노부부가 밭을 일구는 모습을 바라보면서 흉작을 기원하는 노래를 불러댔다. 그뿐 아니라 노부부가 힘들게 뿌린 씨앗과 감자를 헤집어 먹어치우는 등 온갖 말썽도 부렸다. 화가 난 할아버지가 덫을 이용해서 너구리를 잡았다. 그리고 집에 있던 할머니에게 너구리를 건네며 국을 끓이라고 말하고 다시 일을 하러 밭으로 나갔다.

너구리는 할머니에게 앞으로는 일을 도와줄 테니 밧줄을 좀 풀어달라고 애원했다. 할머니는 너구리를 불쌍히 여겨 밧줄을 풀어주었다. 하지만 너구리는 약속을 지키지 않았다. 할머니를 죽인 다음 솥에 할머니를 밀어 넣어 국을 끓여버린 것이다. 너구리는 할머니로 변하여 밭에서 돌아온 할아버지에게 그 국을 떠다 주었다. 그리고 할아버지가 국을 먹자마자 본모습으로 변하더니 할아버지를 비웃으면서 산으로 돌아갔다.

노부부와 친하게 지내던 토끼가 할아버지에게 이 이야기를 듣고 할아버지를 대신해 복수를 하기 위해 너구리의 집을 찾아갔다.

토끼는 너구리에게 다가가 땔감을 팔면 돈을 벌 수 있다고 유혹했다. 그리고 함께 땔감을 모아 그것을 너구리에게 짊어지게 했다. 너구리가 앞장을 서자 토끼는 뒤따라가며 부싯돌로 땔감에 불을 붙였다. 부싯돌이 딱딱 부딪치는 소리가 들리고 무엇인가 타는 냄새가 나자 너구리가 물었다.

"토끼야, 이게 무슨 소리야?"

"응, 딱딱새가 우는 소리야."

"그래?"

너구리는 아무 생각 없이 걸음을 옮겼다. 땔감의 불은 더 크게 타올랐고, 결국 너구리는 등에 큰 화상을 입고 말았다.

등에 화상을 입은 너구리가 끙끙 앓고 있는데 토끼가 병문안을 왔다. 토끼는 화상에 좋은 약이라며 겨자를 너구리의 등에 발라 주었다. 너구리는 고통이 너무 심해 발을 동동 구르며 비명을 질러댔다.

며칠 뒤 토끼가 다시 찾아와 너구리에게 물고기를 잡으러 가자고 꼬드겼다. 토끼는 자신은 나무로 배를 만들면서 너구리에게는 진흙으로 배를 만드는 방법을 가르쳐주었다. 배가 완성되자 토끼는 나무로 만든 배를 타고, 너구리는 진흙으로 만든 배를 타고 함께 낚시를 나갔다. 결국 진흙의 무게 때문에 너구리는 배와 함께 물속으로 가라앉고 말았다. 이렇게 해서 토끼는 할머니의 원수를 갚았다.

너구리는 등에 짊어지고 있는 땔감에 불이 붙어 털이 타는 냄새가 나고 있는데도 태연하게 토끼와 대화를 나눈다. 현재 상황을 전혀 이해하지 못하고 있기 때문이다.

또 한 가지 중요한 점이 있다. 이 이야기에서는 너구리가 할머니를 죽였다. 그런 행동을 했으면 "나는 누군가의 원한을 샀다."라는 자각을 가져야 한다. 즉, 자신의 과거를 분석하고 무엇을 반성하고 바꾸어야 하는지 진지하게 생각해 보는 것이 보통이지만 이 경우 너구리는 그런 생각을 할 줄 모르는 것이다.

이런 식으로 자신의 위치를 이해하지 못한 상태로 살았기 때문에 너구리는 결국 진흙으로 만든 배에 올라타 비극적인 종말을 맞이한 것이다.

자기 집착이 강하면
다른 사람이 보이지 않는다

부모를 증오하고 형을 원망한다. 자신이 얼마나 비참한 사람인지 극단적으로 늘어놓는다. "저는 이렇게 힘들게 살았습니다." 하며 고생담을 늘어놓는다. 이것 또한 자기 집착이다.

하지만 동정을 얻으려고 하면 이미지만 나빠지고 사람들도 멀어진다. 이때 사람들이 자신에게서 멀어진 것까지도 하소연하듯 떠벌리는 사람이 있다. 이들은 자신에게는 문제가 없고, 자신을 이해하지 못하는 사람들이 한심하다는 식으로 이야기한다.

자기 집착이 강하면 주변 사람들이 보이지 않는다. 이 세상에 자기 이외의 다른 사람은 존재하지 않는 것이다. 그런 점에서 이들은 나르시시스트다. 이들에게 다른 사람의 현실 따위는 안중에도 없다. 자신의 마음을 치유하는 데에만 모든 신경이 집중되어 있기 때문이다. 상대를 살펴볼 마음의 여유는 전혀 없는 것이다.

사람은 누구나 인간관계에서 상처를 받으며 살아가지만 자기 집착이 강한 사람은 그런 사실을 이해하지 못한다. 물론 자신이 원해서 나르시시즘에 빠지는 것은 아니다. 그런 사람이 된 데에는 반드시 이유가 있다. 그 원인을 파악해야 어떻게 살아야 할지 자신의 위치를 올바르게 이해할 수 있다.

이 책에서는 '자신의 위치'라는 말을 몇 번이나 되풀이하고 있는데, 내가 강조하고 싶은 말은 마음속에서의 자신의 위치다. 즉, 마음의 중심축이다. 자신의 위치를 이야기하면서 나이나 사회적인 입장, 육체적인 상황을 예로 드는 이유는 그것들은 눈에 보이는 것들이라 보다 이해하기 쉽기 때문이다. 중요한 것은 마음의 중심축이다.

어머니로서의 위치를 망각한 한 어머니가 있다. 아이가 시험을 앞두고 있는 상황인데 남편과 별거를 하게 되었다. 이 어머니는 일요일에 친구와 함께 아이를 데리고 놀이동산에 가서 밤 10시까지 돌아다닌다. 아이를 위해 놀이동산에 가는 것이라면 토요일이나 금요일에 가야 한다. 그래야 다음 날 쉴 수 있기 때문이다. 하지만 이 어머니는 자신이 놓여 있는 상황을 전혀 이해하지 못하고 아이같이 철없는 행동을 한다. 이런 경우, 어머니로서 자신의 위치를 인지하고 있는 어머니라면 우선 가정을 안정시키려고 애쓸 것이다. 그러나 이 어머니는 아이가 시험을 앞두고 있고, 자신은 별거하고 있는 상태라는 '자신의 위치'를 전혀 이해하지 못하기 때문에 일요일에 밤 10시까지 친구와 놀이동산에서 돌아다니는 것이다. 등에 짊어진 땔감에 불이 붙어 타오르고 있는 사람과 불이 붙지 않은 사람은 위치가 전혀 다르다. 행동이 다르고 그때그때의 목적이 다르다.

사람은 누구나 다양한 실수를 한다. 그러나 그 실수를 저지른 대가는 반드시 지불해야 한다. 고민 또한 대가다. 정신분석학자 베란 울프의 말처럼 고민은 어제 발생한 사건으로 생긴 것이 아니다. 기나긴 인생을 살아오는 동안 무책임하게 산 결과가 축적되어 생긴 것이기 때문에 딱히 어제 생긴 고민이라고 말할 수 없다는 뜻이다. 대가를 지불할 때가 오면 지불해야 한다. 대가를 지불하고 싶어 하는 사람은 없다. 하지만 마음을 굳게 먹고 정당하게 지불해야 당당해질 수 있다.

자신의 위치를 올바르게 이해하고 있는 사람은 "나는 이러이러한 행동을 했으니까 지금 이런 고민을 하는 거야"라고 이해한다. 등에 짊어진 땔감에 불이 붙었다면 가장 먼저 해야 할 일은 땔감을 내려놓는 것이다. 기분이 내키는 대로 일요일에 친구와 놀이동산에 가서 밤 10시까지 돌아다닐 때가 아니다.

자신의 위치를 모르는 사람은 독선적이다

유치원 선생님에게 불평을 늘어놓는 어머니가 있었다. 이 어머니가 어느 날 유치원에 전화를 걸어 말했다.

"선생님, 곤란한 일이 있으면 언제든지 찾아오라고 말씀하셨지요? 지금 찾아뵈려고 하는데요."

유치원 선생님은 "지금은 수업 중이라 곤란한데요."라고 말했다. 그러자 어머니가 다짜고짜 화를 냈다.

"그게 교육자로서 할 말인가요? 아이와 관련된 문제라고요!"

이 어머니는 자신의 아이 때문에 곤란한 상황에 놓였다는 사실을 이해하지 못하고 있다. 그 아이는 유치원 선생님의 아이가 아니다. 어머니가 자신의 위치를 모르는 것이다. 이 어머니는 자신이 해야 할 일을 다른 사람이 해야 할 일이라고 착각한다. 자신은 아무런 노력도 하지 않고 유치원 선생님을 통해 원하는 것을 달성하려고 하는 것이다.

아이가 이상한 옷만 입어서 고민이라는 부모가 있다. 부모가 선생님을 찾아가 상담했다.

"선생님 같으면 아이가 그런 옷을 입도록 내버려두겠어요?"

부모가 선생님에게 따지듯 물었다. 선생님의 입장에서 보면 지금 문제가 되고 있는 것은 그 부모의 자녀다. 그런데도 아이의 부모는 그 사실을 인지하지 못한다. 이것이 '자신의 자녀 문제'라는 사실을 인지하지 못하는 것이다.

미국의 명언집에 "길을 잘못 들었으면 즉시 그 사실을 인정하고 올바른 길을 물어보아야 한다."는 말이 있다. 이 말은 우리 인생에도 적용된다. 자신이 지금 사회에서 어떤 위치에 놓여 있는지 전혀 이해하지 못하는 상태에서 땀을 뻘뻘 흘리며 노력하는 사람이 있다. 그런 사람은 주변 사람들에게 호감을 얻지 못한다. 노력에 대한 보상도 받지 못한다.

또 목적을 잃은 상태로 살아가는 사람도 있다. 나는 학창 시절 반더포겔Wandervogel이라는 산악부에 가입했었다. 그때 배운 내용 중 하나는 "길을 잃으면 원래의 장소로 돌아가라."는 것이다.

심리적으로도 마찬가지다. 불안에 시달리는 사람은 심리적 성장이 어디선가 멈추어 있다. 이후의 인생은 자신의 위치를 잃은 채 잘못 선택한 길을 열심히 걸어갈 뿐이다.

일단, 자신의 심리적 성장이 멈추었다는 사실을 인정하고 받아들여야 한다. 그곳이 지금 자신이 서 있는 위치다.

반성을 할 때에 가장 중요한 것은 자신의 위치를 올바르게 이해하는 것이다. '나는 이런 사람이다.' 하고 자신의 위치를 올바르게 이해할 수 있어야 행복해질 수 있다.

인생이 늘 불안하게 느껴지는 사람들 가운데는 자신의 위치를 모르는 사람이 많다. 이들은 단순한 지인을 친구처럼 대한다거나 회사에서 과장인데 부장의 역할을 하는 식으로 행동한다. 테니스 실력이 초급인데 마치 선수처럼 구는 사람도 이에 해당한다.

학생들의 답안지를 읽다 보면 그 학생이 자신의 위치를 올바르게 이해하고 있는지 알 수 있다. 수업 내용도 제대로 이해하지 못하면서 100점짜리 답안지를 제출한 것처럼 착각하는 학생도 있다. 독선적인 것이다. 답안의 내용이 해답과는 동떨어진 내용이지만 우쭐거리며 써 내려간 흔적이 보인다. 그 과목의 기초도 이해하지 못하고 있으면서 마치 연구자라도 되는 듯이 답안을 작성한다. 그 답안을 읽고 있으면 그 학생의 일그러진 마음이 그대로 전해지는 듯해서 가슴이 아프다.

자신의 위치를 전혀 이해하지 못하는 사람은 늘 불만에 싸여 있다. 채점이나 수업 내용에만 불만을 드러내는 것이 아니라 만나는 모든 사람, 사회 전체에 불만을 가지고 있다. 근본적으로는 자기 자신에게 불만을 품고 있는 것이지만 본인은 그 사실을 깨닫지 못한다.

자신의 위치를 망각한 사람은 아무리 유능하다고 해도 주변 사람들에게 인정을 받을 수 없고 덕망도 쌓을 수 없다.

유능한 과장이 있다. 그 과장이 없으면 중요한 프로젝트가 순조롭게 진행되지 않는다. 업무의 주요 사항은 모두 그 과장이 있어야 실무를 진행할 수 있다.

이때 그가 "내가 없으면 회사가 돌아가지 않아."라고 말하며 자신을 회사에서 매우 중요한 인물이라고 생각하기 시작한다면, 그 순간 자신의 위치를 착각하게 된다. 그가 인정을 받는 것은 어디까지나 '과장으로서'다. 그 사실을 잊지 않는다면 그는 계속 주변 사람들에게 인정과 존경을 받을 수 있다. 즉, 자신의 위치를 올바르게 이해하고 있으면 시간이 흐를수록 행복해질 수 있다.

있는 그대로의 자신을 인정하면 평온이 찾아온다

자신의 위치를 이해한다는 것은 자립했다는 의미이기도 하다. 이때는 다른 사람과 자신을 비교하지 않는다. 자신과 타인은 다르다는 사실을 정확하게 인지하고 있다.

자립할 수 있으면 그때까지 살아온 자신의 인생이 보인다. 예를 들어, "우리 부모님은 권위적이었어."라고 자신의 부모를 비판해 왔다고 하자. 그러나 자립을 한 다음에는 자신이 나약했기 때문에 부모에게 굴복하고 타협했다는 사실을 받아들일 수 있다.

'부모님이 억압적이었기 때문에'라는 의존적 사고에서 벗어나지 못하면 평생 애정 결핍 상태에서 벗어날 수 없다. 평생 부모의 악영향에서 벗어나지 못하고 의존적으로 살게 된다.

"내가 의지가 부족했기 때문에 부모의 요구나 행동에 타협했던 거야."라고 현실을 인정하고 자신을 반성할 수 있어야 비로소 심리적으로 자립했다고 볼 수 있다. 그래야 자신이 고유한 존재라는 사실을 깨달을 수 있고, 다른 사람 역시 고유의 존재라는 사실을 받아들일 수 있다. 그 결과 현재 자신의 정확한 위치를 인지할 수 있다. 예를 들어, "아, 나는 정말 친하게 지내는 사람이 없어. 나를 진심으로 대해주었던 사람은 없었어."라는 깨달음을 얻는다. 그리고 비로소 인간관계의 거리감을 이해하게 된다.

"그래. 그 사람과 나는 사실 친밀한 관계가 아니었어. 나 혼자 그 사람에게 호감을 얻기 위해 지나치게 신경을 썼던 거야."

또한 자신과 타인은 다르다는 사실도 이해할 수 있다.

"그 사람의 말 때문에 상처를 입었지만 그 사람은 나를 경멸하는 마음에서 그런 말을 했던 게 아니었어."

그리고 각각 다른 사람들이 모여 인간관계를 형성하면서 살아가는 것이 사회라는 사실도 이해한다.

모든 사람에게 호감을 얻으려 하면 모든 사람이 같은 거리에 놓인다. 그 때문에 자신의 정확한 위치를 인지할 수 없게 되고, 인간관계에서의 거리감도 파악할 수 없다. 그것이 어린 시절의 애정 결핍에 지배를 당하는 삶이다.

"내가 나약했기 때문에 적대감을 애써 억누르다 불안한 마음을 가지게 된 거야. 그 불안감에 대처하기 위해 나는 또다시 부모와 타협했고……. 그런 악순환이 이어졌던 거야."

이렇게 생각할 수 있어야 자립할 수 있고, 인간관계에서의 거리감도 올바르게 파악할 수 있다.

"내가 지금 이 자리에 있는 것은 나의 선택이야."라는 자각을 하면 모든 악몽에서 해방될 수 있다.

자신의 위치를 올바르게 이해하면 자기 무가치감無價值感도 사라진다. 자기실현을 위해 에너지를 사용하기 때문에 완벽주의에서도 해방된다.

'현실적인 자신'을 받아들이지 못하는 이유는 '이상적인 자신'에게 집착하고 있기 때문이다. 완벽한 지적 능력, 완벽한 체력, 완벽한 용기 등을 자신에게 요구하는 이유는 자신의 위치를 올바르게 이해하지 못하고 있기 때문이다.

자신의 성장 과정, 자신의 부모, 지금까지의 인간관계를 돌이켜 생각하면 자신에게 완벽이나 이상을 요구하는 것 자체가 무리라는 사실을 이해할 수 있다. 따라서 완벽하지 않은 자신을 한탄하지 않고 행복하게 살 수 있다.

"나는 왜 이럴까?" 하고 한탄을 하는 이유는 완벽한 자신에게 집착하기 때문이고, 완벽한 자신에게 집착하는 이유는 자신의 위치를 이해하지 못하기 때문이다. 현실 세계에 살고 있지 않기 때문이다.

"나는 이런 운명을 타고났어."

"나는 이런 인간으로 살아가는 것이 맞아. 따라서 나는 완벽하지 않아도 돼."

이런 식으로 현실적인 자신을 올바르게 이해하고 받아들이면 완벽하지 않은 자신을 원망하지 않고 살 수 있다. 자신이 놓여 있는 위치에서 마음을 안정시킬 수 있는 방법을 배울 수 있고 마음의 평온을 얻을 수 있다. 건강하다면 건강하다는 데에 감사할 수 있고, 식욕이 넘치면 식욕이 넘치는 것에 감사할 수 있다.

하지만 자신의 위치를 올바르게 이해하지 못하면 "좀 더, 좀 더"를 바란다. 건강하다면 "좀 더 건강해야 하는데……."라고 하며 건강에 집착하고, 당뇨병을 앓고 있다면 당뇨병에 걸렸다는 점을 원망하며, 심장병을 앓고 있다면 심장병을 앓는 사람으로 태어나게 한 부모를 원망한다. 심지어 아침에 눈을 뜨면 숙면을 취할 수 없었다고도 원망한다.

자신이 불안하기 때문에 사람들과 타협한 것임을 깨닫고, 자신의 선택을 있는 그대로 인정해야 비로소 '현실적인 자신'에 대한 고마움을 느낄 수 있다.

자신을 인정해야 자신이 심장병에 걸릴 가능성이 높은 생활을 했기 때문에 심장병에 걸린 것이라는 사실을 인정할 수 있다.

"그래. 나는 지나치게 의존적이었고 쓸데없는 적대감을 끌어안고 있었기 때문에 심장병에 걸린 거야." 하고 받아들이는 것이다. 그리하여 지금 이렇게 살아 있다는 데에 감사할 줄 알게 된다.

또한 지금 자신이 불안한 이유는 자신이 나약해서 상대방에게 적대감을 표현할 수 없었기 때문이라는 사실을 인정할 수 있게 된다. 그제야 비로소 자기실현이 시작된다.

과거를 받아들여야 과거에서 해방된다

숙면을 취하지 못한다고 한탄만 하는 한 자기실현은 이룰 수 없다. 체력이 부족한 자신을 한탄만 하는 한 평생 애정 결핍이라는 과거에서 해방될 수 없다. 그런 과거를 짊어지고 있는 자신의 현재 모습을 그대로 받아들일 수 있어야 자신의 위치를 올바르게 이해할 수 있고 과거에서 해방될 수 있다.

"나는 인간관계가 나쁜 환경에서 자랐다."는 것만으로는 자신이 강한 사람인지 약한 사람인지조차 알 수 없다. 자신이 물고기라는 사실을 이해하고 있어야 나무에 오르려 하지 않는 것이다. 그리고 상대가 원숭이라는 사실도 이해할 수 있고, 자신을 둘러싸고 있는 인간관계도 이해할 수 있게 된다.

"그 일이 있었기 때문에……."

"부모님이 따뜻하게 보듬어 주었다면……."

"그 사람과 만나지 않았다면……."

이런 식으로 현재 힘든 상황에 놓여 있는 자신의 원인을 외부에서 찾는 사람은 영원히 자신의 위치를 이해할 수 없다. 자신의 현재 모습이 보이지 않기 때문에 주위 사람도 이해할 수 없고 인간관계에서의 거리감도 모른다. 이런 사람은 죽을 때까지 불행한 인생을 보낸다.

누군가에게 속았다면, 자신이 어리석었기 때문이라고 생각할 수 있어야 자신의 현재 위치를 올바르게 이해할 수 있다. 그렇기 때문에 자신을 속인 사람을 확실하게 차단할 수 있다.

"내가 불행해진 건 그 사람 때문이야."라고 원망만 하고 있어서는 그 사람을 확실하게 차단할 수 없다. 그 사람의 교활함도 여전히 잘 보이지 않는다. 그렇기 때문에 또 속아 넘어간다. 자신이 달콤한 말에 넘어가는 인생을 선택한 것이 문제라고 생각할 수 있어야 "그런 사람은 다시는 상대하지 말자."는 분명한 선을 그을 수 있다.

세상에는 착실한 사람도 있고 사기꾼도 있다는 사실을 이해할 수 있어야 모든 사람에게 호감을 얻고 싶다는 생각을 버릴 수 있다. 단순히 속았다는 피해의식만을 붙잡고 있는 한, 또는 속았다는 사실에 상대를 원망만 하고 있는 한 피해는 되풀이된다. 속인 사람을 철저하게 차단할 수 없기 때문이다. "그 사람에게 속은 것도 나의 선택이야."라고 생각할 수 있어야 그런 사람은 앞으로 절대로 상대하지 않겠다고 다짐하며 확실하게 차단할 수 있다.

세상에는 다양한 사람이 존재한다는 사실을 이해할 수 있어야 자신의 위치도 올바르게 이해할 수 있는 것이다. 속은 것을 한탄만 하고 있는 한 세상에는 착실한 사람도 있고 사기꾼도 있다는 현실을 제대로 볼 수 없다.

4장

평범한 행복을 지탱하는 마음의 품격

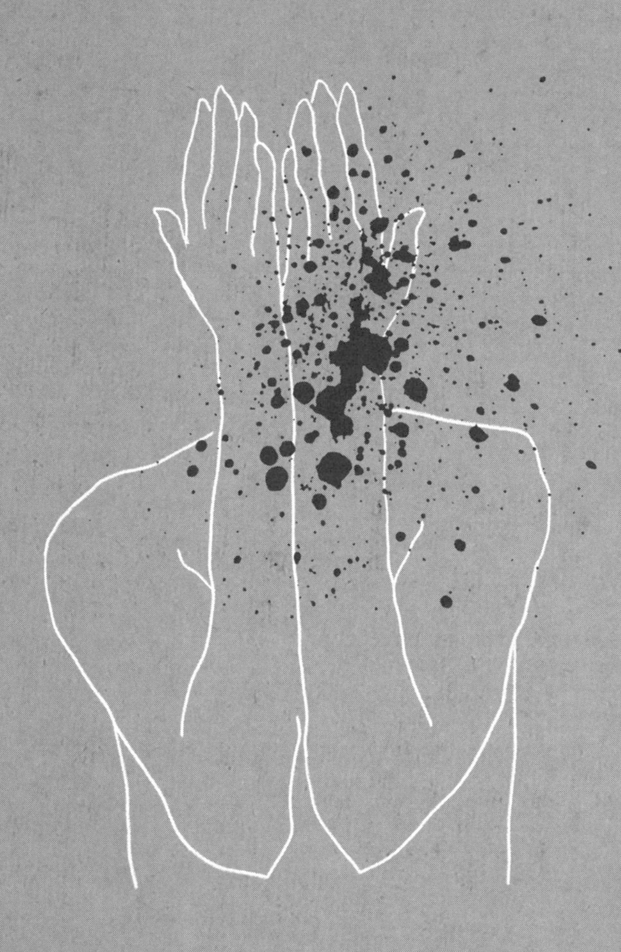

미래보다
지금 해야 할 일을 생각한다

직장이 없다는 이유에서 고민하는 청년이 있다. 그에게 필요한 것은 고민이 아니라 일을 찾는 것이지만 "저는 지금 실업 상태입니다."라며 고민만 할 뿐 움직일 생각은 하지 않는다. 자신이 해야 할 일을 찾아다닌다면 그 과정에서 어떻게 살아야 할 것인지 방향도 정할 수 있다. 그는 자신이 지금 실업 상태라는 사실을 자각하고 있지 않은 것이다. 즉, 자신의 위치를 모르는 것이다. 이는 등에 짊어지고 있는 땔감에 불이 붙었다는 사실을 모르는 것과 같다.

실업 상태에 놓여 있다는 이유 때문에 고민을 한다고 해도, 자신에게는 일을 찾아 나설 에너지가 없다는 자각이라도 있다면 지금까지 자신의 삶이 기본적으로 잘못되어 있었다는 사실을 깨달을 수 있다. 그 잘못을 깨닫고 인정하면 자신의 위치를 올바르게 이해할 수 있다. 따라서 지금까지 살아온 자신의 모습을 돌아보고 정밀하게 분석하는 것이 우선적인 과제다.

계속 고민만 하고 있어서는 자신이 끌어안고 있는 문제의 본질을 이해할 수 없다. 조종사가 되고 싶어서 최선을 다해 노력했지만 결국 될 수 없었다고 하자. 그렇다면 조종사가 되기 위한 자질이 부족하다는 사실을 자각해야 한다.

또는 조종사가 되고 싶기는 하지만 조종사가 되기 위한 행동을 하지 않거나 그런 노력을 기울일 에너지가 없는 경우도 있다. 그럴 경우에는 "나는 왜 조종사가 되고 싶다고 말하면서 조종사가 되기 위한 노력은 하지 않는 것일까?" 하고 진지하게 반성해야 자신의 위치를 올바르게 이해할 수 있다.

현재의 고민을 해결할 수 있는 방법을 생각하고 최선을 다해 노력한다면 자신의 위치를 올바르게 이해할 수 있다.

불안에 사로잡힌 사람은 "누군가를 만나 꿈을 가질 수 있는 조언을 듣고 싶다."고 말한다. 이런 사람은 자신이 어떻게 살아야 할지 모르고 있다. 자신에게는 확실한 목적이 없다는 사실 또한 모른다. 그래서 '현재 상태'는 생각하지 않고 미래만 본다.

불안에 사로잡힌 사람의 공통적인 특징은 '현재'가 존재하지 않는다는 것이다. 그들은 '진정한 자신'의 모습으로 현재를 살고 있는 것이 아니다. 현재의 삶은 거짓이다. 현재를 충실하게 보내는 사람은 자신의 위치를 올바르게 이해하고 있는 사람이다.

자신에게 뚜렷한 목적이 없다는 사실을 직면할 수 있어야 비로소 자신의 위치를 볼 수 있지만 불안에 사로잡힌 사람은 현재 자신의 모습은 직면하지 않고 바라는 것만 고집한다.

"나는 나의 장래에 관해서 이렇게까지 진지하게 생각했어. 그리고 최선을 다했어."

말은 이렇게 해도 사실은 장래에 하고 싶은 일을 찾은 것이 아니라 자신의 신경증적 자존심을 만족시킬 수 있는 말을 생각했을 뿐이다.

일반적으로 상담은 구체적이어야 한다. 그러나 불안에 사로잡힌 사람은 구체적인 상담을 할 줄 모른다. 커뮤니케이션에 대해서 이해하지도 못한다. 그래서 친구가 없는 것이다. 이것도 불안을 느끼는 사람들의 공통적인 특징이다.

현실을 인식하면
길이 열린다

자신의 위치를 올바르게 이해한 사람은 어떤 일을 하면서도 자신이 그 일을 할 수 있다는 사실에 만족감을 느낄 수 있다. 자신의 장점을 잘 파악하고 있기 때문에 자신은 운이 좋은 사람이라고 생각할 수도 있다. 또한 자신이 그런 일을 할 수 있다는 사실에 감사할 수 있다.

자신의 위치를 올바르게 이해한다는 것은 '현실적인 자신'을 인식하는 것이다. 현실 세계에서 살고 있다는 뜻이다. 그렇기 때문에 자신은 링컨이 아니라는 사실을 받아들인다.

"내가 링컨이라면……." 하고 생각하는 사람은 자신의 위치를 전혀 이해하지 못하고 있는 사람이다. 현실과 동떨어진 상상의 세계에서 살고 있는 사람이다.

자신의 위치를 이해하지 못하면 비관주의에 빠지기 쉽다. 똑같은 경험을 해도 '운이 좋았다'고 생각하는 것이 아니라 '운이 나빴다'고 받아들인다. 자신이 가지고 있지 않은 대상에 정신을 빼앗긴 채 자신의 약점 쪽으로만 온 신경이 집중된다.

똑같은 경험을 해도 "내가 이런 일을 할 수 있다니 얼마나 고마운 일인가!" 하며 감사하는 것이 아니라, 반대로 "그 사람은 행복하게 살고 있는데 왜 나는 이렇게 힘들게 살아야 할까?" 하며 세상을 원망한다. 이와 같은 피해의식을 가지고 있는 사람은 평생 애정 결핍의 영향에서 벗어날 수 없다. 즉, 죽을 때까지 힘들게 살아간다.

자신의 위치를 이해하면 누구를 소중하게 생각해야 하는지, 어떻게 행동해야 하는지 자연스럽게 알 수 있다. 인간관계에서의 거리감도 확실하게 간파할 수 있다.

그러나 외재화에 의해 현실이 보이지 않게 되면 모든 사람에게 억지로 미소를 지어 보이기 시작한다. 만약 부모가 그런 사람이라면, 자신의 자녀에게 희생을 강요하고, 이 자녀는 커서 스스로를 배신하면서까지 사람들의 호감을 얻으려 할 것이다.

자신의 욕구를 외재화하여 그것이 현실이라고 착각하면, 자신이 누구와의 관계에 의해 현재의 위치에 서게 되었는지도 모른다. 따라서 "성실하게 살아야 한다."는 말을 들어도 어떤 사람에게 성실하게 대해야 하는 것인지 이해하지 못한다. 그런 사람은 교활한 사람에게 성의를 다했다가 비참한 결과를 맞이한다.

어머니에게 충분한 사랑을 받으며 자라서 어머니와 자신의 거리가 가깝다는 사실을 실감한 사람은 자신과 가까운 사람과 먼 사람을 구별할 줄 알기 때문에 성인이 되어서도 인간관계에서의 거리감을 적절하게 유지해 나간다. 반면, 어머니에게 충분한 사랑을 받지 못하고 성장한 사람은 가까운 사람을 경험해 본 적이 없기 때문에 사기꾼과 성실한 사람을 구별할 줄 모른다.

외재화는 공허한 심리 상태를 나타낸다. 자신의 바람을 현실이라고 착각하기 때문에 현실 세계를 살지 못하는 것이다. 그리고 이 현실 세계에서 동떨어져 살아간다는 것과 삶의 불확실성이 연결되어 막연한 불안감에 휩싸인다. 자신의 위치를 올바르게 이해하지 못함으로써 외재화를 하기 때문이다. 그래서 자신의 욕구만으로 이루어진 상상의 세계에서 살아간다. 문제는 자신이 현실과 동떨어진 세계에서 살고 있다는 사실을 그 스스로 모른다는 것이다.

이들은 현실 세계에서 타인을 올바르게 판단할 줄 모르기 때문에 생명력이 저하된 사람과 생명력이 풍부한 사람을 구별할 줄 모른다. 그래서 이상한 사람들을 만나고 이상한 환경에 발을 들여놓는다. 정상적이지 않은 사람을 구별할 줄 모르기 때문에 결국에는 컬트 집단 같은 곳에 발을 들여놓는다.

현실 세계에서 살고 있으면 자신이 어떤 위치에 놓여 있는지 알 수 있다. 다른 사람들의 눈에 어떤 사람으로 비치는지는 크게 중요하지 않다. 그렇기 때문에 스스로가 어떻게 살아야 할 것인지 방향을 정할 수 있다.

대학에서도 마찬가지다. 도둑 강의를 듣는 학생이 교수를 찾아와 "강의가 3분 일찍 끝났는데요."라고 불평을 늘어놓는 경우가 이에 해당된다. 불평을 늘어놓는 학생은 자신의 위치를 모른다. 자신의 위치를 착각한다. 처음부터 무조건 "손해를 보면 안 돼!" 하는 마음으로 강의실을 찾아온다. 손해를 보면 안 된다는 데에 정신을 빼앗겨 도둑 강의를 듣고 있는 자신의 위치를 망각하는 것이다.

불행해지는 전형적인 타입

이솝 우화에 자신의 위치를 올바르게 이해하지 못한 까마귀 이야기가 등장한다.

독수리 한 마리가 높은 언덕 위에서 날아 내려와 양을 휙 낚아채 갔다. 그 모습을 지켜보던 까마귀는 독수리의 사냥 방법을 흉내 내고 싶었다. 그래서 날개를 파닥거리며 날아 내려가 양에게 덤벼들었지만 발톱이 양털에 걸려 날아오를 수 없었다. 까마귀는 몸부림을 쳤지만 결국 양을 구하러 달려온 양치기에게 잡히고 말았다.

양치기는 까마귀의 날개 끝을 자른 뒤 아이들에게 보여주기 위해 집으로 가져갔다. 아이들이 "이건 무슨 새예요?"라고 묻자,

양치기는 이렇게 대답했다.

"자기가 독수리라고 착각하는 까마귀란다."

까마귀가 독수리를 흉내 내면 이런 식으로 좌절감만 맛보게 된다. 이 까마귀는 자신의 위치를 모르지만, 다른 사람들은 모두 그 새가 까마귀라는 사실을 알고 있다. 까마귀는 까마귀로서 살아가는 것이 자신의 위치를 올바르게 이해하는 삶이다. 그렇게 해야 주변 사람들이 인정하고 받아들여준다.

어떤 신문사 광고부 직원이 있었다. 그는 기자를 동경해서 기자처럼 신문사 깃발을 단 차를 타고 다녔다. 기자는 취재를 해서 그 내용을 보도함으로써 기자로 인정받지만, 그는 그 대신 신문사 깃발을 단 차를 타고 다니며 주변 사람들에게 자신이 기자라는 인상을 심어주려고 했다.

그러던 중 그가 어떤 사람과 함께 사업을 시작했다. 결과적으로 사업은 실패했다. 만약 그 사람이 동업자에게 "나는 신문사 광고부에서 근무했다."고 솔직하게 말했다면, 그리고 그 사업이 자신이 할 수 있는 일인지 진지하게 생각해 보았다면, 사업 실패라는 좌절은 겪지 않았을 것이다. 그는 독수리 흉내를 낸 까마귀와 다를 것이 없다.

까마귀는 "나도 독수리처럼 할 수 있어!"라고 생각하여 자신의 위치를 망각했다. 신문사 광고부 직원도 마찬가지다. 신문사 깃발을 단 차를 타고 다니며 기자 행세를 하다가 현실적인 자신의 위치를 망각하고 마치 자기가 정말 기자인 듯 행동한 것이다.

인생에서 막다른 골목에 몰리는 사람들 중에는 이 까마귀 타입이 가장 많다. 까마귀는 까마귀로 살아야 한다. 그런데 독수리 흉내를 내려고 하니까 붙잡히는 신세로 전락하는 것이다.

이솝 우화에서 '여우와 포도'라는 이야기도 재미있다.

> 어느 날 여우가 포도나무를 발견했다. 주렁주렁 탐스럽게 매달려 있는 포도가 먹음직스러워 보였다.
> "한번 따 먹어볼까?"
> 여우는 공중으로 껑충 뛰어올랐지만 포도가 너무 높이 있어서 포도는 따지 못하고 가시덤불에 떨어져 버렸다.
> "그래. 저 포도는 내가 충분히 딸 수 있지만, 아무리 봐도 맛이 실 것 같아. 언뜻 봐도 저건 신 포도가 분명해. 그냥 따지 않는 게 낫겠어."
> 여우는 그렇게 말하며 발걸음을 돌렸다.

이 여우는 자기가 높은 곳에 있는 포도를 딸 능력이 없다는 사실을 인정하지 않는다. 그 대신 맛도 보지 않고 포도가 실 것이라고 단정해 버린다. 독수리 흉내를 낸 까마귀와 마찬가지로 이 여우도 '불행해지는 타입'의 대표적인 예다.

어떤 일이나 대인관계에서 좌절감을 맛보았을 때에는 "혹시 까마귀 같은 행동을 한 것은 아닐까?" 하고 반성해 보아야 한다. 까마귀는 까마귀이기 때문에 붙잡힌 것이 아니라 독수리 흉내를 냈기 때문에 붙잡힌 것이다. 본분을 잊고 다른 사람의 장점을 흉내 내려다가 붙잡힌 것이다.

"나는 안 돼."라고 말하는 사람도 마찬가지다. 본인이 쓸모없는 인간이기 때문에 모든 일이 풀리지 않는 것이 아니다. 자신을 있는 그대로 받아들이지 않기 때문에 모든 일이 뜻대로 풀리지 않는 것이다.

까마귀는 자신이 까마귀라는 사실을 잊었기 때문에 독수리를 보고 자기도 독수리와 똑같이 사냥할 수 있다는 착각을 했다. 만약 자신이 까마귀라는 사실을 인식하고 까마귀로서 열심히 살았다면 독수리가 사냥을 하는 모습을 보더라도 흉내를 낼 생각은 절대로 하지 않았을 것이다. 자신의 위치를 올바르게 이해하고 있는 사람은 다른 사람의 노력과 고생을 우습게 여기지 않고 존중할 줄 안다.

이 까마귀와 마찬가지로 사람이 불행해지는 전형적인 경우가 '여우와 포도'에 등장하는 여우의 경우다. 여우는 자신이 원하는 것을 인정하지 않는다. 자신의 신경증적 자존심이 상처를 받기 때문이다. 사실은 결혼을 하고 싶어 하는 사람이 상황이 여의치 않자 "결혼은 해서 뭐 해!"라고 말하는 식이다.

대학에서 경제학을 공부하는 학생이 있다. 그는 경제학이 정말 재미없다고 말한다. 돈과 관련된 공부는 배우고 싶지 않다고 말한다. 사실은 경제학부에서 좋은 성적을 올리지 못하고 있기 때문에 이런 말을 한다. 자기는 아무리 열심히 노력해도 좋은 성적을 낼 수 없다는 사실을 있는 그대로 인정하고 싶지 않은 것이다. 신경증적 자존심이 상처를 받기 때문이다.

또한 그는 "운동은 싫어.", "클럽 활동은 재미없어. 그런 건 고독감을 견디지 못하는 녀석들이나 하는 거야."라고 말한다. 하지만 그가 부정하는 모든 대상은, 사실은 가장 하고 싶은 것들이다.

돈이 필요하다. 하지만 돈 따위는 인생에 도움이 되지 않는다면서 "돈을 좋아하는 사람들은 교양이 없어. 나는 정신적인 부분이 더 중요하다고 생각해."라고 말한다.

출세는 의미가 없다고 말한다. 정말로 가치 있는 것은 가정의 사랑이라고 주장한다. 하지만 이 사람 역시 사실은 세속의 가치에 강하게 얽매여 있는 사람이다. 그가 정말로 원하는 것은 사회적 지위다.

이처럼 방어적 가치관을 바탕으로 살아가면서 자신이 방어적 가치에 얽매여 있다는 사실을 인정하지 않는다.

그러나 그 때문에 자신의 위치를 올바르게 이해할 수 없다. 이것은 인간관계도 적절하게 소화하지 못한다는 뜻이다. 결국 순수하지 않다는 뜻이다. 그로 인해 자신이 진정으로 원하는 것도 손에 넣지 못하는 것이다.

이런 심리 상태로 평범한 생활에 만족할 수 있을까? 평범한 생활에 만족할 수 있는 사람은 현실을 부인하지 않기 때문에 삶의 에너지가 충분하다.

가지고 있지 않은 것에 얽매이는 이유

우리는 흔히 자유롭게 꿈을 향해 가는 과정을 '날개를 펼친다'고 말한다. 새를 보면서 훨훨 날아다니기 때문에 자유로울 것이라고 생각한다. 그리고 부러워한다. 그러나 새가 살기 위해 날개를 펼친다는 사실을 모른다. 날지 않으면 먹이를 구할 수 없기 때문에 새는 날개를 활짝 펼치는 것이다.

지상에 있는 새를 보고 개가 쫓아간다고 생각해 보자. 새가 날개를 펼치며 날아오르지만, 이때 새는 전혀 자유롭지 않다. 빨리 안전한 둥지로 돌아가기만을 원할 뿐이다.

독수리가 허공에서 날개를 펼치고 서서히 배회할 때에도 육지에 있는 먹잇감을 찾고 있는 것이다. 인간에 비유하면 열심히 일을 하는 것이다.

그런데도 사람들은 독수리를 보며 제멋대로 '자유롭게 날고 있다'고 생각한다. 자유롭게 하늘을 날고 싶다는 자신의 바람을 독수리에게 외재화한 것이다. 독수리 그 자체를 보고 있는 것이 아니라 독수리를 통하여 자신의 바람을 보고 있을 뿐이다. 이것이 외재화라는 심리 과정이다.

우리는 세상을 제멋대로 해석하고 제멋대로 바라본다. 새가 인간을 본다면 어떨까? 땅 위에서 안전하게 걸어 다닐 수 있어서 좋겠다고 생각하지 않을까? 인간이 새에게 "날개가 있어서 좋겠다."라고 말하면 새는 어떻게 대답할까? "무슨 근거로 날개가 있으면 좋겠다고 말하는 거예요?"라고 되물을 수도 있다.

인간은 '새는 날개가 있어서 좋을 것'이라고 생각한다. 그렇기 때문에 잘못된 길을 선택한다. 독수리가 자유로울 것이라고 생각하기 때문에 피해의식을 가지게 되고 잘못된 길로 들어선다.

단단한 껍질을 가지고 있고 장수를 하며 물속에서 마음껏 헤엄칠 수 있다는 장점을 갖추고 있는 거북이 본분을 잊고 육지로 올라와 토끼와 경주를 벌여서는 당연히 행복해질 수 없다.

인간은 자신이 갖추고 있는 '이것'은 제쳐두고 다른 누군가에게 있는 '저것'도 가지려 하기 때문에 문제가 발생한다. '이것'이 있는데 '저것'도 가지려 하는 이유가 무엇인지 진지하게 생각해 보면 자신의 위치를 올바르게 이해할 수 있다.

매일 살아가는 의미를 확실하게 이해하면 '이것'이 있는데 '저것'을 가질 생각은 하지 않는다. 즉, 자신이 실존적 욕구불만 상태에 놓여 있기 때문에 그런 생각을 하는 것이라는 사실을 깨닫게 된다.

두더지는 하늘을 날고 싶다는 생각을 하지 않는다. 두더지의 입장에서 볼 때 하늘을 나는 것은 자유가 아니다. 그렇기 때문에 두더지는 잘못된 길에 들어서지 않는다.

나는《모든 사건을 기회로 바꾸는 심리학》이라는 책의 후기에 다음과 같은 글을 남겼다.

> "오늘 하루 무사히 보냈어."라는 사고는 훌륭한 것이다. "오늘, 감기에 걸리지 않고 무사히 보냈어."라는 사고도 바람직하다. 그런 하루하루의 성취감이 행복을 부르고 기회를 부른다. 일상의 작은 성취감에 감사하는 마음을 잊을 때 큰 불행이 찾아온다.

오늘 하루를 무사히 보냈다는 데에 고마움을 느끼지 못하는 이유는 무엇일까? 마음이 충족되어 있지 않기 때문이다. 마음속에 증오가 존재하기 때문이다. 결국 지금까지 충족감을 모르는 생활을 해왔다는 뜻이다. 또한 다른 사람에게 좋은 인상을 심어

주는 데에만 모든 신경을 쏟고, 자기실현이라는 과제는 망각하고 살았기 때문이다. 사람들에게 신경 쓰며 반발하고 우기는 데에만 집중하고 자기실현은 망각한 것이다.

욕심이 지나쳐서 모든 고민이 사라질 수 있는 강력한 힘만을 원한 탓도 있다. 하지만 모든 고민을 사라지게 하는 강력한 힘은 존재하지 않는다.

작은 것에 만족 못 하면 큰 것에도 만족 못 한다

자기실현을 잊고 욕심만 부리면 현재의 행복을 깨달을 수 없다. 현재의 생활에 만족하지 못하는 사람은 설사 큰 성공을 거둔다고 해도 역시 만족할 줄 모른다.

작은 것에 만족할 줄 모르는 사람은 늘 "좀 더, 좀 더"를 찾지만 자신이 원하는 것을 손에 넣는다고 해도 만족하지 않는다. 그런 사람은 고급 호텔 같은 화려함을 성공이라고 생각한다. 하지만 그것은 성공이 아니다. 화려함은 외로움의 방증일 뿐이다.

100만 원을 번 것에 만족할 줄 모르는 사람은 1천만 원을 벌어도 만족할 줄 모른다. 1천만 원을 벌어도 만족할 줄 모르는 사람은 1억 원을 벌어도 만족할 줄 모른다. 심리적 불안은 돈으로 메워지지 않는데, 그는 심리적 불안을 메우기 위해 돈을 좇기 때문이다.

현재의 평범한 생활에 감사할 줄 모르는 사람은 그 어떤 것에도 감사할 줄 모른다. 그런 심리는 만성적인 불만으로 이어진다.

정신분석학자 카렌 호나이는 신경증 환자의 폭넓은 욕구가 성격에 미치는 영향은 매우 크다고 말한다.• 신경증 환자는 사실 각각의 구체적인 사항에 불만을 가지는 것이 아니다. 만사에 불만스러운 성격이 각각의 구체적인 사항을 통하여 표현되고 있을 뿐이다.

갑자기 큰 것을 바라도 행운은 찾아오지 않는다. 그 욕심 때문에 행운이 오히려 멀어질 뿐이다. 따라서 회사, 가정, 학교에서 즐거움을 한 가지라도 발견할 줄 알아야 한다.

"오늘은 식사 시간 바로 전에 배가 고팠어. 그래서 식사를 정말 맛있게 했어."

이 정도면 충분하다. 컨디션이 나쁘면 배가 고플 수 없다. 음식도 맛이 없다. 일상생활에서 즐거운 일을 한 가지라도 찾는 노력, 또는 그런 태도가 행운을 부른다.

평온한 아침을 맞이했다는 사실에 감사하고 있는가? 그렇지 않은 경우가 오히려 많다. 자신에게 상처를 입힌 사람에 대한 증

• Karen Horney, 앞의 책, p.75.

오가 존재하기 때문이다. 감사는커녕 아침부터 한숨을 내쉬며 불평으로 하루를 시작한다.

"아, 잠을 제대로 잘 수 없었어."

"왜 이렇게 피로가 풀리지 않지?"

"어제 숙면을 취하지 못해서 아침 식사가 맛이 없어."

사람은 만족하지 못하기 때문에 많은 것을 원한다. 그 때문에 더 많은 불만이 쌓이고, 마음은 더욱 불안해진다. 현재 상태가 불만이기 때문에 지금보다 더 많은 것을 원한다. 그야말로 악순환이다.

무사히 시간을 보냈다는 것 자체가 엄청난 행복이다. 자신의 위치를 올바르게 이해하고 있는 사람은 이런 행복을 느끼며 살아간다.

'나는 과거에 이런 잘못을 저질렀다.', '나는 이런 환경에서 자랐다.', '나는 이런 운명 아래에 태어났다.' 등 자신의 위치를 올바르게 이해하고 있는 사람은 '그럼에도 불구하고' 지금 이렇게 잘 살고 있다고 생각한다. 그렇기 때문에 현재 상태에서의 행복을 충분히 맛볼 수 있다. 오늘 하루도 건강하게 살 수 있다는 데에 만족할 수 있는 것이다.

행복한 사람은 지금 이렇게 무사히 시간을 보내고 있다는 데에 감사할 줄 안다. '이게 필요하다', '저게 필요하다'는 식의 불평은 하지 않는다.

반대로, 불만 때문에 안정을 이루지 못하는 사람은 자기가 가지고 있지 않은 것을 바라며 현재 상태를 끊임없이 원망한다. 숙면을 바라고, 최고의 컨디션으로 모든 일이 최대한 만족스럽게 진행되기를 바란다. 그리고 일이 조금이라도 삐걱거리면 그 즉시 초조함을 드러내며 불안해한다.

현재의 평범한 생활에 만족할 줄 모르는 사람은 무리하면서 살고 있는 사람이다. 늘 숨을 몰아쉬며 헐떡거린다. 그렇기 때문에 평범한 생활에 만족할 수 없을 때에는 자신의 위치가 어디에 있는지 진지하게 확인해 보아야 한다.

평범한 행복을 지탱해 주는 것

이솝 우화에 자신의 위치를 망각하고 자기중심적 사고에 사로잡힌 여행자의 이야기가 있다.

> 두 명의 여행자가 여름 대낮에 더위 때문에 완전히 지친 상태로 걸음을 옮기던 중 플라타너스 나무를 발견하고 그 그늘에 앉아 휴식을 취했다. 그때 한 사람이 플라타너스 나무를 올려다보면서 "이 나무에는 열매가 없네. 사람에게 전혀 도움이 되지 않는 나무야."라고 말했다.

이 여행자는 지금 플라타너스 나무가 만든 그늘에서 쉬고 있다는 '자신의 위치'를 완전히 망각하고 있다. 그래서 열매가 없다고 불평을 하는 것이다.

자신의 위치를 올바르게 이해하지 못한다는 것은 자기중심적이라는 뜻이다. 아무 일 없이 지나간 하루는 '여름의 무더위로부터 피할 수 있는 시원한 그늘'이 있는 행복한 하루다. 아무 일 없이 지나가는 일상은 본인이 깨닫지 못할 뿐, 사실은 여러 가지 행복이 어우러져 있는 일상이다.

일상생활에서 평범한 하루하루를 무사히 보낼 수 있다는 것이 행복이라는 생각이 들 때는 그 평범한 행복을 지탱해 주는 것이 무엇인지 다시 한번 돌아보아야 한다.

무사히 지나가는 일상이 행복이라는 사실을 깨닫지 못하는 사람은 아침부터 한숨을 내쉰다. 잊고 있는 것이 너무 많기 때문이다. 무사히 지나가는 일상이 행복이라는 사실을 깨닫는 사람은 아침부터 한숨을 쉬는 행동은 절대로 하지 않는다. 눈에 보이지 않는 노력들이 어우러져 '하루를 무사히 보낼 수 있었다'는 사실을 알고 있기 때문이다. 그런 사람의 무의식에는 증오가 존재하지 않는다. 누군가에 대한 증오는 평범한 일상에 감사할 줄 아는 마음에 장애가 된다.

플라타너스 나무의 가치를 깨닫지 못하는 사람, 눈에 보이지 않는 노력을 깨닫지 못하는 사람은 마음에 갈등을 끌어안고 있는 사람이다. 마음에 심각한 갈등을 끌어안고 있으면 머리로 아무리 "지금 나는 행복해!"라고 스스로를 위안해도 행복한 마음은 들지 않는다.

마음에 갈등이 없는 행복한 사람은 굳이 누가 가르쳐주지 않아도 플라타너스 나무에 감사할 줄 안다. 플라타너스 나무의 그늘 덕분에 쾌적한 휴식을 취할 수 있다는 자신의 위치를 이해하는 것이다.

어떤 대상에 대한 증오는 내려두고 지금 누리고 있는 평범한 일상에 감사할 줄 알아야 한다. 증오에 사로잡혀 있으면 수렁으로 계속 빠져들 뿐이다.

마음가짐이 행복과 불행을 결정한다

그리스 로마 시대부터의 행복에 관한 사고방식을 조사해 온 폴란드의 철학자 블라디슬라프 타타르키비츠Wladyslaw Tatarkiewicz는, 행복은 커다란 사건이 아니라 일상의 '작은 행복'이라고 말한다. '작은 행복'을 느낄 수 있는 이유는 마음에 갈등을 끌어안고 있지 않기 때문이다. 무의식에 증오가 존재하지 않기 때문이다.

마음에 갈등을 끌어안고 있는 사람은 '작은 행복'을 느낄 수 없다. 《성실한데도 삶이 힘든 사람》이라는 책에서도 언급했지만 행복론에는 탑다운top-down 이론과 바텀업bottom-up 이론이 있다. 여기에서 바텀업 이론은 세부적인 것에서 일반적인 사항으로 진행되는 이론이다. 각각의 즐거운 일들이 쌓이면서 행복해진다는 사고방식이라고 할 수 있다.

탑다운 이론은 일반적인 것에서 시작하여 세부적인 사항으로 진행되는 이론이다. 탑다운 이론에 따르면, 행복은 각 사람의 특성에 기인한다. 사람이 행복한가, 불행한가 하는 것은 그때그때의 환경에 의해 결정되는 것이 아니라 개인의 고유한 특성의 문제라는 것이다. 즉, 그 사람을 지배하고 있는 마음가짐이 어떤가에 따라 행복과 불행이 결정된다는 사고방식이다.

여러 가지 조사 결과로 보자면 탑다운 이론의 설득력이 훨씬 높다. 바텀업 이론은 같은 경험에 대한 의미 부여가 사람에 따라 다르다는 사실을 무시하고 있기 때문이다.

사람의 경험은 사회적 틀 안에서 이루어진다. 고통이건 실패이건 그것은 사람들 각자가 본인의 환경 속에서 경험하는 것이다.

어린 시절에 똑같은 실수를 해도 부모에게 꾸지람을 듣는 사람이 있고 도전정신이 있다고 칭찬을 받는 사람이 있다. 실수를 저질렀을 때, "너는 그래서 문제야."라는 핀잔을 듣는 사람도 있고 격려를 받는 사람도 있다. 이처럼 똑같은 경험이라도 사회적 구조나 반응이 다르면 개인적으로 갖는 의미가 달라진다.

나이를 먹어서도 마찬가지다. 똑같은 경험을 해도 사람에 따라 의미가 달라진다. 무엇을 경험하건 그것이 행복인가, 불행인가 하는 문제는 사람에 따라 다른 것이다.

다양한 조사 결과를 놓고 볼 때, 인간의 행복은 커다란 행운이 아니라 일상의 '작은 행복'에서 비롯된다는 사실이 밝혀졌다. 혼자 벤치에 앉아 도시락을 먹으면서 행복을 느낀다면 마음에 문제가 없는 사람이다. 그 사람의 마음은 충족되어 있다.

마음속에 행복의 기준을 만들어두어야 한다. 그 기준을 바탕으로 생각했을 때, 현재 자신이 행복하지 않다면 마음속에 무엇인가 문제가 발생했다는 뜻이다. 외부에 아무런 변화가 없더라도 마음속에서는 문제가 발생한 것이다.

비프스테이크를 먹을 수 없어서 불행하다고 생각하는 사람은 대개 비프스테이크를 먹게 되더라도 불행하다. 물만 먹고도 웃을 수 있는 사람은 마음이 충족되어 있는 사람이다. 심리적 갈등이 있는 사람은 비단옷을 입어도 우울하다.

물론 혼자 벤치에 앉아 도시락을 먹으면서도 행복을 느끼는 사람이라고 해서 고민이 없는 것은 아니다. 사람은 누구나 고민이 있다. 고통도 있고 억울한 마음도 있다. 싫어하는 사람도 있다. 하지만 그러한 고민에 지배당하지 않는다는 것이 중요하다.

무사히 지나가는 일상에 아무런 행복을 느끼지 못하는 사람과 행복을 느끼는 사람이 있다.

행복을 느끼는 사람은 자신의 주변이 플라타너스 나무가 만들어주는 그늘 덕분에 원활하게 돌아가고 있다는 사실을 알고 있는 사람, 주변 사람과 자신의 관계를 잘 이해하고 있는 사람이다. 즉, 자신의 위치를 올바르게 이해하고 있는 것이다.

나무 그늘에 앉아 있으면서도 그 고마움에 감사할 줄 모르는 것은 누군가에 대한 증오와 분노를 끌어안고 있기 때문이다. 마음이 그 사람에게 집중되어 있는 것이다. 그 사람에게서 벗어날 수 있다면 그 증오나 분노는 가볍게 떨쳐버릴 수 있다.

문서를 작성할 때 컴퓨터가 고장이 나면 컴퓨터가 얼마나 고마운 기계인지 그제야 깨닫는다. 그러나 컴퓨터가 정상적으로 가동되고 있을 때에는 고마움을 모른다. 운전을 할 때에도 행복을 느끼는 사람과 그렇지 않은 사람이 있다.

행복을 느끼는 사람은 자신을 둘러싸고 있는 주변 상황이 눈에 보이지 않는 노력에 의해 원활하게 돌아가고 있다는 사실을 잘 이해하고 있다. 행복을 느낀다는 것은 모든 상황이 원활하게 돌아가고 있는 것을 당연하다고 생각하지 않는다는 뜻이다. 행복한 사람은 자신을 둘러싼 세계 속에서 자신의 위치를 잘 이해하고 있다.

하지만 자기 집착이 강한 사람은 아무리 노력을 해도 행복해질 수 없다. 이들은 주변 세계와 자신의 관계를 이해하지 못한다. 자신을 제외한 주변 세계는 아예 존재하지 않는 것처럼 여긴다.

일상의 평범함은 여러 가지 작은 행복이 축적된 결과이기도

하다. 다양한 나무 그늘 덕분에 아무 일 없이 평범하게 넘어갈 수 있다. 평범함에 감사할 줄 아는 사람은 그 사실을 잘 알고 있다. 자기중심적인 사람이 아니기 때문이다.

평범한 일상은 감추어진 행운과 눈에 보이지 않는 노력 위에 존재한다. 자신의 위치를 이해하고 있는 사람은 이 사실을 잘 알고 있기 때문에 평범한 일상을 함부로 여기지 않는다.

감사할 줄 아는 사람,
감사할 줄 모르는 사람

열등감이 강하면 다른 사람보다 우월해야 한다는 바람이 지나치게 강해서 자신의 위치를 올바르게 이해할 수 없다. 그에 관한 병적인 사례가 고등학생이 "나는 세계를 정복할 거야!"라고 큰 소리치는 것이다.

그런 생각을 가지고는 평범한 생활을 할 수 없다. 무의식에 복수심이 존재하는 한 평범한 생활에서 충족감을 맛볼 수 없기 때문이다. 마음속에 원한과 고통이 있는 한 평범하게 생활하면서 감사한 마음을 느낄 수는 없다.

이런 사람은 아침을 단순히 오전 5시나 6시라는 시간으로만 인식할 뿐, 아침 햇살을 바라보며 감사하는 마음을 가지지 않는다. 그에게는 붉은 노을이 지는 석양도 "오늘 하루도 무사히 보냈어."라는 충족을 느끼게 하는 대상이 아니라 단순히 오후 6시라는 시간에 지나지 않는다.

평범함에 감사할 줄 모르는 사람은 자신의 인생을 돌아보았을 때 아무런 발자취도 없다는 사실을 깨닫는다. "나의 인생에는 이런 일이 있었어." 하는 식의 추억이 없다. "그 사람은 죽기 전에 반드시 한 번 더 만나보고 싶어."라고 말할 수 있는 대상도 없다. 삶의 시기별로 머릿속에 남는 감성적인 추억이나 그리움이 없는 것이다. "토끼를 쫓아 온 산을 헤집고 다녔다."고 그리움을 회상할 수 있는 고향도 없다. 고향의 주소는 있지만 감정이 배어 있는 장소는 아니다.

평범함에 감사할 줄 아는 사람은 "어머니가 밤늦게까지 장갑을 떠주셨어."라고 회상할 수 있는 생활 속의 소소한 추억이 있다. 그 생활을 통해서 자연스럽게 이루어진 마음의 교류가 성인이 되었을 때에 마음의 고향으로 남는다.

"살면서 이런 감동도 경험했으니까 후회는 없다."라고 생각할 수 있을 정도의 감동적인 경험은 이렇듯 평범한 생활 속에 존재한다. 마음이 전해지는 편지는 돈을 주고 살 수 없다. 그중에는 "이런 편지도 받아보았으니 후회는 없어."라고 생각할 만한 감동적인 편지도 있을 것이다.

당신은 돈으로 살 수 없는 것을 얼마나 가지고 있는가? 돈으로 살 수 없는 것을 많이 가지고 있는 사람이 행복한 사람이고 삶의 질이 높은 사람이다. 반면, 돈이 아무리 많아도 돈으로 살 수 없는 것을 가지고 있지 않은 사람은 삶의 질이 낮은 사람이라고 볼 수 있다.

어떤 이는 마음의 고향이 없다는 공허함을 "나는 평범한 생활은 싫어."라는 식으로 말하며 숨기려 한다. 현실을 도피하는 태도다. 그 결과, 자신의 위치를 전혀 이해하지 못하는 사람이 되어버린다.

평범한 생활이 공허하다는 것은, 평범한 생활 자체가 공허한 것이 아니라 평범한 생활을 하고 있는 자신의 마음이 공허하다는 뜻이다. 집단 자살을 한 헤븐스 게이트 신도들은 "세상은 공허하다."고 말했지만 공허한 것은 사실 세상이 아니라 그들의 마음이었다.

있는 그대로의 모습으로 살지 않고 다른 사람의 기대에 부응하는 데에만 신경을 쓰고 살다 보면 삶이 공허하게 느껴진다. 평범한 생활이 공허하게 느껴지는 것이다.

생활의 실체가 없는 상태에서 정의를 부르짖는 사람이 있다. "목숨을 걸고 진실을 지킬 것이다."라고 외치기만 할 뿐, 생활에 실체가 없다. 컬트 집단이 바로 그런 경우다. 평범한 생활이라는 인간의 존재 기반이 없기 때문에 특이한 개성이나 진실 등을 내세우지 않고는 살 수 없는 것이다.

다른 사람의 평가를 얻기 위해서가 아니라 자신의 가능성을 실현하기 위해 살아간다면 평범한 생활에서도 얼마든지 충족감을 느낄 수 있다.

일상생활에 사사건건 불평을 늘어놓는 사람은 사실 무엇인가 다른 대상에 불만의 원인을 가지고 있다. 매일 사소한 문제에도 분노를 표출하는 사람은 그 문제와는 다른 대상에 분노의 진짜 원인이 있다. 가령 열등감이 지나치게 강해서 자기실현을 못한다는 데에서 오는 본인 스스로에 대한 불만 등이 있는 것이다.

인간적인 교류가 삶의 의미를 안겨준다

일상생활에서 인간적인 교류를 느끼는 사람이라면 평범한 생활도 삶의 의미를 안겨줄 것이다. 그것이 커뮤니케이션의 중요성이다. 평범함에 감사할 줄 아는 사람은 다른 사람과 커뮤니케이션을 할 수 있는 사람, 일상생활 자체에 의미가 있는 사람이다. 만약 평범함에 감사할 줄 모른다면 주변 사람들과 제대로 커뮤니케이션을 하지 못하고 있는 것은 아닌지 반성해 보아야 한다.

불행한 사람도 스스로는 주변 사람들과 마음의 교류를 주고받는다고 생각하지만 그것은 착각이다. 자신이 불행할 때에 누군가를 만나게 되면 상대를 오직 자신을 위로해 줄 수단으로만 생각하거나 상대의 처지가 자기보다 못해서 그 사실로 위안을 얻을 수 있는 대상으로 삼는 경우가 많다. 따라서 평범한 생활에 감사할 줄 모르는 사람은 역시 불행한 사람과 어울린다. 즉, 불행한 사람끼리 어울리게 되는 것이다. 길을 잘못 든 사람 주변에는 험담을 늘어놓는 동료들만 모여든다.

현실을 부인하면 에너지가 소모되고, 현실을 수용하면 에너지가 발생한다. 예를 들어, 삶에 대한 에너지가 끓어오르는 한 여성이 있다고 하자. 그녀는 "나는 미녀가 아니야."라고 자신의 위치를 올바르게 이해하며 수용하고 있기에 에너지가 넘친다. 하지만 누군가를 대상으로 "저 사람은 미녀가 아니야."라고 험담을 한다면 같은 말을 해도 에너지를 잃는다. "그 회사, 별것 없어.", "그 대학, 아무것도 아니야." 이런 식으로 험담이나 부정적인 생각을 늘어놓는 사람은 에너지를 거기에 전부 사용한다.

마음이 안정되어 있지 않을 때에는 자신과 비슷한 수준의 사람들을 찾는다. 마음이 위축되면 자신의 형편과 상황에 맞는 사람의 이야기에만 귀를 기울이게 되기 때문이다. 이 역시 모두 길을 잘못 들었기 때문에 발생하는 현상이다.

일상의 작은 노력에 의미를 느낄 수 있으면 터무니없이 큰 성공을 바라지 않는다. 터무니없이 큰 보상을 원하지도 않는다. 현재의 평범한 생활이 당연한 것처럼 느껴질 수 있지만 50년 전과 비교하면 엄청나게 수준이 높아졌다는 사실도 깨달아야 한다.

마음의 품격이 행복을 가져다준다

이솝 우화 중에 '늑대와 개와 양'이라는 이야기가 있다. 감사하는 마음이 왜 중요한지 알려주는 흥미로운 이야기다.

하루는 양이 주인에게 따지듯 말했다.
"저는 당신에게 털과 새끼 양과 치즈를 제공했어요. 하지만 당신은 저에게 풀밖에 주지 않았어요. 당신에게 아무것도 제공하지 않는 개에게는 당신이 먹는 음식까지 나누어주면서 말이지요. 너무하다고 생각하지 않나요?"
옆에서 그 말을 들은 개가 대답했다.
"그건 불공평한 게 아니야. 내가 너희를 지켜주기 때문에 다른 사람들이 너희를 훔쳐가거나 늑대들이 와서 잡아먹지 못하는 거야. 내가 없으면 너희는 혹시 잡아먹힐지도 모른다는 생각 때문에 풀도 마음 놓고 뜯어먹을 수 없을걸."

행복한 사람은 불행한 사람이 당연하다고 여기는 것도 감사하는 마음으로 받아들인다. 반대로 불행한 사람은 당연한 것도 자신만 불공평한 대우를 받고 있다고 생각한다.

행복한 사람은 일상의 평범함을 유지하는 것이 매우 힘들다는 사실을 알고 있다. 행복한 일상을 보내기 위해 필요한 마음가짐은 오늘도 어제와 마찬가지로 무사히 보낼 수 있기를 바라는 작은 소망이다. 평범함을 지속하기 위한 의지를 가지는 것이다.

이 의지를 가질 수 있다는 것은 자아가 확립되어 있다는 뜻이다. 마음에 갈등이 있으면 이런 의지는 가질 수 없다. 마음에 갈등이 있는 사람은 자기 파멸적 의지를 가지게 된다. 무의식에 증오가 존재하면 증오심에 지배를 당하여 의지로 자신을 컨트롤할 수 없다. 어제 착실하게 노력하며 살았기 때문에 오늘이 존재한다. 10년 전부터 교활하게 이익만을 챙기며 살았다면 현재의 평범한 일상도 존재하기 어렵다.

정신분석학자 베란 울프의 말처럼 고민은 어제 발생한 사건의 결과가 아니다. 바꾸어 말하면, 행복 역시 어제 발생한 사건의 결과가 아니다. 오랜 기간 동안 정직하게 살았기 때문에, 오랜 기간 동안 열심히 노력했기 때문에 오늘의 평범한 행복이 존재하는 것이다. 일상의 작은 축적들이 행복을 안겨주는 것이다.

'마음의 품격'이 있는 사람은 평범함을 사랑하는 사람이다. 그러나 큰돈을 바라는 사람은 마음이 황폐해져 있다.

행복한 사람은 평범함의 가치를 잘 알고 있다. 그러나 평범한 생활을 하면서 만족할 줄 모르는 사람은 사회적으로나 심리적으로 파멸될 수 있는 위기 상태에서 살고 있다. 그는 지금 벼랑 끝에 서 있기 때문에 마음이 불안과 불만으로 가득 차 있어서 평범함에 대한 고마움을 느끼지 못한다. 그래서 큰 것만을 바라고 도전했다가 결국 실패하고 마는 것이다.

마음에 불만을 끌어안고 있는 사람은 늘 많은 보수를 원하고, 일상생활에 불만을 품고 있는 사람은 큰 기쁨을 원한다. 사회적으로도 늘 큰일만을 도모하려고 한다. 자신에게 어울리는 목표를 가지는 것이 아니라 전혀 동떨어진 거대한 목표만을 바라보고 살기 때문에 그는 결국 좌절을 겪는다.

물론 자신의 위치를 잊고 큰 것만 바라다가 우연히 성공을 거두는 사람도 간혹 있다. 하지만 그 사람의 마음이 편할까? 진정한 성공은 작은 성공의 축적에 의해 이루어진다. 평범함에 만족할 줄 모르는 사람은 사회적으로 파멸의 위기에 놓여 있지만 마음의 갈등에 정신을 빼앗겨 자신이 그런 위치에 놓여 있다는 사실을 깨닫지 못한다.

평범한 일상 속에서 무리 없이 "나는 이 일을 해야 해."라고 자연스럽게 생각할 때가 그 일을 하기에 적절한 시기다. 그런 시기는 자기실현을 위해 살고 있을 때 찾아온다. 변혁을 하는 데에도 적절한 시기가 있다. 변혁을 외치기만 해서는 이룰 수 없다. 문제는 변혁을 하기 위해 적절한 시기가 찾아왔는가 하는 것이다. '적절한 시기'는 적절한 목적을 가졌을 때, 마음에 갈등이 없을 때, 자신의 위치를 이해하게 되었을 때를 가리킨다. 심리적으로 준비가 갖추어진 이때가 가장 행복할 때다.

열등감이 심한 사람은 이런 '적절한 시기'를 모르기 때문에 늘 무리를 한다. 기다리면 태양이 떠오르지만 기다릴 줄을 모른다.

마음이 공포감으로 가득 차 있을 때, 두려움에 젖어 있을 때 사람은 무리를 한다. 하지만 무리한 도전은 장애에 부딪힌다. 사업가가 무리하게 도전한다면 적자 경영으로 연결된다.

등산가도 마찬가지다. 무리하다가는 조난을 당한다. 와세다대학의 총장을 지낸 고故 고야마 츠마루小山宙丸는 바쁜 일상 속에서도 늘 건강을 유지했다. 언젠가의 인터뷰에서 건강 비결이 무엇이냐고 물어보았다. 그의 대답은 간단명료했다.

"무리하지 않는 것!"

자기 멸시와 자아도취

평범함을 행복으로 느낄 수 있는 사람은 마음에 갈등이나 분노가 없고, 자아가 확립된 사람이다. 반대로 평범한 생활은 거부하고 무조건 남과 다름을 추구하며 개성 있게 살고 싶다고 말하는 사람이 있다. 그런 사람은 어린 시절에 받은 마음의 상처를 치유하는 것을 목적으로 살고 있는 사람이고, 신경증적으로 자존심이 강한 사람이다. 그는 주변 세상을 돌아볼 줄 모른다.

카렌 호나이는 신경증적 자존심의 특징으로 '독자성의 강조'를 들고 있다. 자신의 독자성만을 강조하는 태도는 현실을 부인하는 것이다. 본질적으로 "나는 신이다!"라고 말하는 것과 동일하다. 이런 태도는 자신의 마음속에 존재하는 두려움을 감추고 있는 것에 지나지 않는다.

개성적으로 살고 싶다면서 다른 사람과의 차이를 강조해도 그것은 단순한 자기만족에 지나지 않는다. 진정한 심리적 만족은 얻을 수 없다. 현실을 인정하지 않기 때문에 아무것도 해결되지 않는 것이다.

개성적인 삶이란, 자신과 타인의 차이를 있는 그대로 인정하고 받아들이는 것이지 자신만의 독자성을 강조하는 것이 아니다. 이런 사람은 착실하게 일상생활을 할 수 없다. 또 자신이 착실하게 일상생활을 할 수 없다는 사실을 인정하지도 않는다.

다시 말하지만 평범한 생활은 자극이 없어서 자신에게 맞지 않는다고 말하는 사람은 단순히 신경증적 자존심이 강한 사람일 뿐이다. 주변 세상에 두려움을 느끼면서도 자신은 멋진 인간이라고 주장하며 자아도취에 빠져 살아가는 것이다.

신경증적 자존심이 강한 사람은 대부분 무의식의 영역에서 스스로를 멸시하고 있다. 본인은 쓸모없는 인간이라고 생각한다. 그렇기 때문에 평범한 일상생활을 거부하는 것이다.

"매일 똑같이 반복되는 생활은 재미없어."

이런 말을 하는 이유는 자기 멸시와 자아도취에 기인한다. 자기만이 독특한 사람인 것처럼 강조하는 태도를 통하여 현실을 무시하는 것이다. 그러나 아무리 독특한 척 행동해도 현실과의 괴리만 생길 뿐이다. 결국 자아의 통합에 실패하지만 그것이 자신의 삶의 방식이라고 허세를 부린다. 그 때문에 사람들은 점차 멀어져 가고, 스스로는 시간이 흐를수록 삶을 두렵게 느낀다.

그런 두려움이 심각한 상태에 이르면 최악의 경우 컬트 집단에 발을 들여놓는다. 평범함과 완전히 대치되는 것이 컬트 집단이다. 컬트 집단에는 현실 인식이 없다. 그들은 지금 당장 쌀을 수확할 수 있다고 생각한다. 바로 그 자리에서 농작물을 손에 넣을 수 있다고 생각하는 것이다.

반대로 평범함을 소중하게 여기는 사람에게는 '우수한 현실 인식'이 존재한다. 그들은 오늘 갑자기 쌀을 수확할 수 있다는, 그 자리에서 바로 농작물을 손에 넣을 수 있다는 터무니없는 생각은 하지 않는다. 씨를 뿌리고 물을 주는 노력과 기다리는 인내가 있어야 원하는 것을 손에 넣을 수 있다는 사실을 잘 알고 있기 때문이다. 그래서 일상생활을 착실하게 영위해 나가는 것이다. 행복해지는 길은 이 첫걸음부터 시작된다.

심리적인 면에서 부자연스러운 개성적 생활과 다소 비슷한, 부자연스럽게 여겨지는 검소한 생활이라는 것도 있다.

마음이 공허한 사람, 욕구불만인 사람은 검소하고 평범한 생활을 할 수 없다. 그들이 검소하고 평범한 생활을 하고 있을 때는 뭔가 부자연스러워 보인다. 그것은 결국 자기방어를 위한 검소하고 평범한 생활이기 때문이다. 이 경우에는 화려한 생활을 하고 싶지만 그럴 수 없기 때문에 그냥 검소하고 평범한 생활이 좋다고 말하는 것이다.

그들은 앞서 소개한 이솝 우화 '여우와 포도'에서 "저건 신 포도야."라고 말하던 여우와 비슷하다. 마음속으로는 화려한 생활을 동경하고 있으면서도 그럴 수 없으니 반대로 말하는 것이다.

마음에 여유가 있어야 비로소 검소하고 평범한 생활을 즐길 수 있다. 따라서 검소하고 평범한 생활을 즐기는 사람에게는 분노가 없다. 원한이나 증오도 없다.

마음이 만족스러워야 차를 마시면서도 행복을 느낄 수 있다. 욕구불만인 사람은 자신은 차를 마시면서도 비프스테이크를 먹는 다른 사람을 질투한다.

열등감이 안겨주는 것

이솝 우화 중에 '까마귀와 까치'라는 이야기가 있는데, 열등감에 대한 유익한 교훈을 얻을 수 있다.

다른 까치보다 몸집이 크고 멋지게 생긴 까치가 있었다. 까치는 자기보다 못생긴 다른 까치들을 업신여기며 지내다가, 까마귀가 있는 장소로 찾아가 함께 살게 해달라고 말했다. 하지만 까마귀는 까치의 생김새나 목소리가 자기들과는 다르기 때문에 부리로 쪼아 멀리 내쫓았다. 까마귀에게 쫓겨난 까치는 원래의 장소로 돌아올 수밖에 없었다. 하지만 다른 까치들은 화가 나서 오만한 그 까치를 동료로 받아주지 않았다. 그 까치는 결국 양쪽에서 버림을 받고 말았다.

자신의 위치를 올바르게 이해하지 못한 채, 주변 사람을 자신보다 못하다고 업신여기거나 한심하다는 식으로 대한다면 당연히 이런 결과를 맞이한다.

우리는 신경증적 자존심에 얽매여 '평범함'을 얼마나 무시하면서 살아왔을까? 심리적으로 불안정한 자존심 때문에 '평범함'을 지나칠 만큼 가벼이 다루어온 것은 아닐까?

'평범하다'라는 말을 들으면 자존심에 상처를 입는 사람이 있다. 자극이 없기 때문에 싫다, 진전이 없기 때문에 싫다, '매일 지겨울 정도로 반복되는 일상'이기 때문에 시시하다고 한다. 어떤 이유를 들건 평범함이 싫다는 사람은 사실 열등감으로 인해 발생하는 야망이 누구보다 강한 사람이다.

'매일 반복되는 일상'에서도 만족을 느낄 줄 아는 사람은 에너지가 넘친다. 삶의 에너지가 충분히 갖추어져 있다. 그러나 자극을 원하는 사람은 삶의 에너지가 없는 사람이고, 삶을 지루하게 생각하는 사람이다. 에너지가 없기 때문에 지루하지 않기 위해 보다 큰 자극을 원하는 것이다.

반면 '평범함'에 만족하는 사람은 에너지가 넘치는 사람, 평범한 일상을 지루하게 생각하지 않는 사람이다. 마음이 충족되어 있기 때문에 평범한 일상에서도 행복을 싹 틔운다.

이벤트가 지속적으로 발생하지 않는 일상을 지루하게 느끼는 사람은 삶의 에너지가 없는 사람이다. 일상생활에서의 작은 노력이 축적되어서 큰 행복과 연결되는데, 삶의 에너지가 없는 사람은 원석을 다듬는 노력을 기울여야 다이아몬드를 얻을 수 있다는 사실을 모른다. 이 때문에 대번에 큰 것만을 얻기 원하고 일확천금을 노린다. 불만에 휩싸여 있기 때문에 자신을 만족시켜 줄 수 있는 대상이나 포상을 노린다. 평범한 일상에 만족할 줄 모르는 사람은 자기 것은 사용하지 않고 남에게 빌린 것을 함부로 사용한다.

평범함을 소중하게 여길 줄 모른다는 것은 마음속에 갈등을 끌어안고 있다는 것이다. 자아가 확립되어 있지 않다는 뜻이다.

신경증적 자존심이 강한 사람은 다른 사람보다 우월해지기를 바란다. 이때 표면적으로는 우월한 것처럼 보일 수 있을지 모른다. 그러나 실제로는 절대로 우월하지 않다. 평범한 생활도 할 수 없다. 그는 아무런 노력도 기울이지 않으면서 자신은 위대한 사람이라는 점을 강조하려고 애쓴다.

이런 경우, 두 가지 결과가 나타난다.

첫째, 다른 사람에 대한 험담이다. 그들은 험담을 좋아한다. 하지만 험담을 하는 이유는 사실 그 사람에게 관심이 있기 때문이다. 그리고 그 사람처럼 살고 싶다는 의미를 담고 있다. 또 마음이 공허하다는 뜻이기도 하다.

둘째, "나는 개성을 소중하게 여긴다."는 식의 가식적인 독자성을 강조한다. 진정한 독자성은 심리적 자립을 통해서만 생성된다는 것을 간과한 것이다.

꾸준한 노력 덕분에
평범한 일상을 보낸다

평범하게 살아간다는 것은 매일 꾸준히 노력을 하고 있다는 뜻이다. 눈에 보이지 않는 노력이 있기 때문에 어제도 오늘도 평범하게 지낼 수 있는 것이다. 하루하루를 지속적으로 이어가며 살아가는 것이 삶의 기본이다. 그렇게 살지 않으면 사람은 마음 속 갈등에 발목을 잡혀버린다.

예를 들면, 의식적으로는 가장 사랑하는 사람이지만 무의식적으로는 적대감을 가지게 되는 경우가 있다. 그는 이런 불안감 때문에 안정된 생활을 할 수 없다. 삶의 에너지를 마음의 갈등에 다 빼앗겨 더 이상 진전을 할 수 없는 것이다. 이런 경우, 고민만 할 뿐 아무것도 해결되지 않는다. 자신이 고민하고 있다는 사실을 드러내면서도, 해결을 하려는 의지는 보이지 않는 것이다.

중요한 점은 오늘도 어제와 마찬가지로 보낼 수 있도록 하기 위한 스스로의 노력이다. 이런 일상의 축적이 불안을 해결해 준다. 의식과 무의식의 모순을 포함한 모든 불안을 해결해 주는 것이다.

내일도 오늘과 마찬가지로 평범한 생활을 할 수 있도록 꾸준히 노력하겠다는 의지가 없는 사람은 사랑할 수 있는 능력도 없는 사람이다. 여성을 끊임없이 바꾸는 돈 후안 같은 사람, 만나고 다니는 여성의 수가 많다고 자랑하는 플레이보이 같은 사람은 이런 노력을 하려는 의지가 없다.

어제의 노력이 있기 때문에 오늘의 평범한 생활이 존재한다. 어제 노력을 하지 않았다면 오늘은 불안에 사로잡힌 생활을 하게 된다. 어제 정직하게 살았기 때문에, 어제 노력을 했기 때문에 이 평범하고 행복한 오늘이 존재하는 것이다. 이런 하루하루의 축적은 큰 행복을 안겨준다.

예상하지 못한 일이 발생했을 때 당황하지 않도록 평소에 늘 마음의 준비를 해두어야 한다. 인생에서는 무슨 일이건 발생할 수 있기 때문에 평범한 일상생활을 통하여 미리 리스크에 대한 각오와 대비를 해두어야 한다. 리스크에 대한 각오나 대비는 없이 '하이 리스크 하이 리턴high risk high return', 즉 '높은 위험과 높은 수익'의 인생을 주장하는 사람이 있다. 이들은 본인의 인생을 스스로 선택했다는 자각이 없다.

스스로 선택한 삶이라는 자각이 있으면 비극적인 사건이 발생했을 때, 그 또한 자신이 선택한 결과라고 순순히 받아들일 것이다. 하지만 그런 자각을 하지 못한 상태이기 때문에 비극적 사건을 만나면 즉시 불안에 휩싸이거나 불만을 터뜨린다.

반대로 '로우 리스크 로우 리턴low risk low return', 즉 '낮은 위험과 낮은 수익'이라는 선택을 해놓고 막상 낮은 수익이 돌아왔을 때 불만을 가지는 사람도 있다.

높은 수익의 인생을 선택해 놓고 리스크는 피하기 위해 무리한 행동을 하면 좋은 결과가 나오지 않는다. 원래 상태로 돌아가려 하다가도 모든 것을 잃는다. 이들은 자신에게 이익이 되는 것만을 취하여 행복해지려 하기 때문에, 즉 이기적 상태에서 행복을 바라는 것이기 때문에 행복해질 수 없다.

낮은 위험을 선택하고 높은 수익을 원하는 사람 역시 자신의 위치를 이해하지 못하는 사람이다. 삶에서 그렇게 운이 좋은 경우는 없다. 이런 사람은 사기꾼이 말을 건네면 즉시 귀를 세운다. 쉽게 행복해질 수 있는 길을 찾아다니기 때문에 질 나쁜 사람의 말에도 쉽게 넘어가거나 사기를 당하게 된다.

노력 없이 행복해지려고 하는 것은 무리다. 노력은 하지 않고 인간관계를 원활하게 유지하려 하는 것도 무리다.

잘난 척만 할 뿐 실제로 리스크를 짊어지고 일을 한 적이 없는 사람이 말년에 작성한 일기를 우연히 읽은 적이 있다. 거기에는 이런 문구가 씌어 있었다.

"이제는 되돌릴 수 없다!"

일상의 축적이 행복을 낳는다

어제 적당히 살았던 사람은 오늘을 어제처럼 살 수 없다. 작년에 올해의 준비를 확실하게 해놓은 사람이 올해도 평안하게 보낼 수 있다. 눈에 보이지 않는 곳에서의 꾸준한 노력이 없으면 평범하게 살 수 없다. 평범하게 살아가려면 엄청난 에너지가 필요하다. 무엇보다 중요한 것은 심리적 성장이다.

평범한 일상이 이어진다는 것은 활력 있게 움직이고 있다는 증거다. 그런 사람은 긍정적인 에너지로 가득 차 있다. 사랑할 수 있는 능력이 갖추어져 있고 진실된 인간관계를 구축할 수 있는 사람이다.

오늘 열심히 살지 않으면 내일을 평범하게 보낼 수 없다. 에너지가 넘치는 사람은 눈에 보이지 않는 곳에서 최선을 다해 노력한다. 그런 사람은 마음속에 분노나 적대감이 없기 때문에 심리적으로 건강하다. 평범하게 살 수 없다는 것은 마음에 어떤 갈등을 끌어안고 있다는 뜻이다.

"이런 생활은 시시해서 재미없어. 나는 개성적으로 살고 싶어."

이런 말을 하고 싶다면 자신의 마음을 다시 한번 들여다보아야 한다. 거기에는 틀림없이 증오나 적대감이 존재할 것이다. 이런 사람은 대부분 개성적으로 살고 싶다는 이유를 내세우며 일상생활을 소홀히 여긴다.

하지만 자신의 마음속에 갈등이 존재한다는 사실을 깨달으면 "나는 이런 부분이 결여되어 있기 때문에 불행한 거야." 하고 자신이 불행한 이유도 이해할 수 있다. 에너지가 넘치는 사람은 자신에게 결여된 것이 무엇인지 잘 알고 있기 때문에 그것을 보완하기 위해 에너지를 발산시킨다.

평범하게 살고 있는 사람은 에너지가 넘치고, 화려한 삶을 동경하는 사람은 에너지가 없다. 에너지가 없는 사람은 자신을 더 돋보이도록 노력하기 때문에 화려해 보이는 것이다. 그러나 자신을 돋보이게 하는 행동은 표면적으로는 그럴듯해 보이지만 결국 삶의 에너지가 없다는 증거일 뿐이다.

평범한 일상이 행복한 이유는 진정한 욕망이 존재하고 그 욕망을 충족시키기 위한 에너지가 넘치기 때문이다. 여성을 끊임없이 바꾸며 만나는 플레이보이에게는 진정한 욕망이 없다. 삶의 의미를 발견하지 못해서 발버둥 치는 유형의 사람 가운데 하나가 플레이보이다.

마음의 갈등을 해소하기 위해 에너지를 사용하는 사람에게는 행복해지기 위해 사용할 수 있는 에너지가 남아 있지 않다. 이들에게는 사람들과 마음을 주고받을 수 있는 에너지가 부족하다. 내면의 갈등을 해소하는 데에 모두 소진해 버렸기 때문이다.

스위스의 정신의학자 칼 융Carl Gustav Jung은 "우리가 자기실현을 위한 길을 걸으며 개성적으로 살기 위해서는 외부 세계에서 요청하는 진부한 생활을 완수해야 한다."고 말한다.•

무의식의 힘에 억눌려 다른 사람에게 피해를 주는 행동을 하면서 자기는 개성적이라고 생각하는 사람이 있다. 어떤 부인은 아이를 내팽개치고 바람을 피우면서 자신은 개성적인 삶이 좋다고 주장한다. 행복해지고 싶으면 착실하게 노력하는 습관을 가져야 한다. 행복은 착실한 노력의 연장선에 존재하기 때문이다. 즉, 착실한 노력이 축적되어야 행복해질 수 있다. 오늘 행복해지고 싶다는 바람을 가진다고 해서 내일 갑자기 행복해지는 것이 아니다.

• 가와이 하야오(河合準雄), 《콤플렉스》, 이와나미신쇼(岩波新書), 2006, p.206.

만리장성을 쌓겠다는 마음가짐으로 꾸준한 노력을 기울여야 행복해질 수 있다. 그러나 이러한 노력도 마음속 상처에 얽매여 있으면 불가능한 일이다.

매일의 노력도 수행이다. 가부좌를 틀고 앉아 좌선을 하는 것만 수행이 아니다. 산속으로 들어가 조용히 수행을 하고 싶다는 사람이 있다. 하지만 속세에서 착실한 노력을 반복하면서 살아가는 것이 그런 수행보다 더 힘들 수도 있다.

물론 일이 뜻대로 풀리지 않는 경우도 많지만, 그때그때 최선을 다해 살아간다면 그 노력이 행복으로 이어지게 된다.

현재의 고통에서 벗어날 방법은 반드시 있다

미국에 전해 내려오는 동화 가운데 육체의 구속과 관련된 재미있는 이야기가 있다.

마술사를 싫어하는 심술궂은 왕이 있었다. 왕은 그 마술사를 성으로 불러들여서 어떤 방에 가두고 다음과 같이 말했다.

"자, 너는 이제 갇힌 몸이다. 네가 가지고 있는 모든 지혜와 기술을 이용해서 도망칠 수 있는 방법을 생각해 내라. 만약 방법을 찾지 못한다면 여기에서 절대로 살아서 나갈 수 없을 것이다."

홀로 남겨진 마술사는 필사적으로 마술을 부려보았지만 방에서 빠져나갈 수는 없었다.

사흘째 되는 날 왕이 그 방으로 돌아와 마술사에게 "도망갈 수 있는 방법을 찾았느냐?" 하고 물었다.

"찾지 못했습니다."

마술사가 침통한 표정으로 대답했다.

그러자 왕이 문을 손으로 가리키며 물었다.

"문이 잠겨 있지 않다는 사실을 깨닫지 못했느냐?"

왕은 한심하다는 표정으로 마술사를 내려다보았다.

"그냥 문을 열고 나가면 되었는데, 너는 어디에 정신을 쏟고 있었던 것이냐?"

이것이 평범함의 중요성이다. 자신이 구속당하는 삶을 살고 있다고 생각하는 사람이 있다. 지금 자신이 있는 장소에서 결코 벗어날 수 없을 것이라고 생각한다. 하지만 누구나 현재 상태에서 벗어날 수 있다. 이것도 '운'이다. 하지만 사람들은 '운'이 무엇인지 모른다.

마술사와 같은 상황에서 문을 열고 나갈 수 있는가, 그렇지 못하는가 하는 문제는 일상의 작은 것들이 얼마나 축적되어 있는가에 따라 달라질 수 있다.

"그래. 나는 자기중심적이었어."라고 깨닫는 것만으로도 세상은 바뀔 수 있다. 일단은 문이 열려 있는지부터 가까이 다가가서 확인해 봐야 한다. 마술사처럼 기발한 해결책만 기대해서는 아무리 많은 시간이 흘러도 불행은 계속될 뿐이다.

열등감이 심한 사람은 마술사처럼 기발한 해결책만 기대하고 노력하지만 그런 헛된 노력에 동원되는 의지는 그 사람의 내면 세계만 철저히 파괴할 뿐이다. 관점을 바꾸면 지금까지 보이지 않았던 것들이 보인다. 그러나 열등감이 심한 사람에게는 관점을 바꾸는 것조차 어렵다.

5장

불안을 밀어내고 나답게 사는 법을 찾다

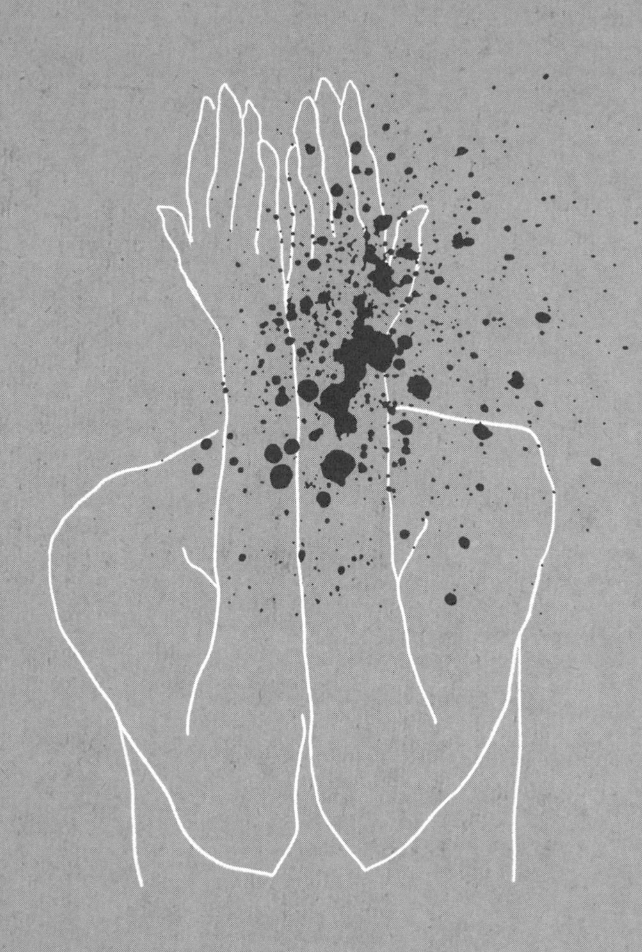

불안에 사로잡히면 노력 없이 행복하길 바란다

"할 일을 찾을 수 없다."고 고민하는 사람이 있다. 왜 할 일을 찾을 수 없을까? 타인에게 위대하게 보이겠다는 생각을 하고 있기 때문이다. 자신의 잠재적 가능성을 실현시키기 위한 일을 찾는 것이 아니라 다른 사람에게 자신을 멋지게 보이기 위한 일만 찾고 있기 때문이다.

그들은 자신이 할 수 있는 일을 하지 않고 자신의 위신을 높이는 일만을 하려 한다. 작은 것부터 하나하나 이루려는 노력을 꾸준히 하지 않는다. 일상적 노력 대신 위신을 높이려다 실패하는 과정을 되풀이하면서 이미 살아갈 에너지를 상당 부분 소모해 버렸기 때문에 어떻게든 힘들이지 않고 행복을 얻으려 한다. 힘들이지 않고 위대해지려 한다.

매일의 작은 것들을 이루어나가려면 엄청난 에너지가 필요하다. 하루 세끼 식사를 생각해 보아도 알 수 있다. 매일 세 차례의 식사를 준비하는 데에 얼마나 많은 에너지를 소모해야 하는지 평범한 가정주부들은 잘 알고 있을 것이다. 차라리 하루에 화려한 저녁 식사 한 끼만 준비하는 쪽이 훨씬 편하다.

이솝 우화에 '과부와 암탉'이라는 이야기가 있다.

> 매일 한 개씩 달걀을 낳는 닭을 키우고 있던 여자가 욕심을 내서 닭이 매일 달걀을 두 개씩 낳게 해야겠다고 생각했다. 그래서 모이를 두 배씩 주었는데, 닭은 살만 찌고 달걀은 낳을 수 없게 되었다.

이 이야기에는 두 가지 중요한 의미가 있다. 우선, 이 여성은 공허함 때문에 고민하고 있다. 현재의 생활을 공허하게 생각하지 않는다면 이런 욕심을 내지 않는다. 어렵게 표현하면 실존적 욕구불만이다. 이 여성은 삶에서 의미를 찾지 못한다. 삶에 보람이 없다고 생각하기 때문에 욕심을 내는 것이다.

다음으로 이 여성은 닭이 매일 한 개씩 달걀을 낳는 것을 당연하다고 생각했다. 아이가 시험을 쳤는데, 어떤 과목에서 100점을 받아왔다고 치자. 이런 경우, "다른 과목도 좀 더 열심히 노력하면 100점을 받을 수 있을 거야."라고 하며 더 많은 노력을 강요하는 부모가 있다. 결국 아이는 부모의 강요로 모든 에너지를 소모해 버리고, 공부에 흥미를 잃고 만다. 현명한 부모라면 아이가 100점을 받았다는 것을 함께 기뻐하고 칭찬해 주겠지만 마음에 갈등이 있는 부모는 아이에게도 자신의 욕심을 우선 내세우는 것이다.

보통 가정생활에서 의미를 찾지 못하는 어머니일수록 아이의 성적에 기대를 건다. 일에서 보람을 느끼지 못하는 아버지일수록 아이의 성적에 기대를 건다. 특히 세상에 복수하고 싶다는 증오를 끌어안고 있는 부모는 아이에게 불가능한 일을 기대하고 강요한다. 부부 관계가 원만하지 못한 부모일수록 각자의 방식으로 아이에게 의존한다. 그리고 그것을 아이에 대한 사랑이라고 착각한다.

부모의 심리적인 갈등은 아이의 능력 계발에 장애가 된다. 아이의 잠재적인 가능성을 괴멸시키는 요인이 되는 것이다.

닭의 모이를 두 배로 늘려준 것은 닭을 위해서가 아니라 자신이 더 많은 이익을 취하기 위해서다. 닭을 사랑하는 마음으로 키우는 사람이라면 이런 행동은 하지 않을 것이다. 마찬가지로 아이에게서 더 많은 것을 취하기 위해 더 많은 지원을 해주는 어머니도 있다.

"달걀을 낳아줘서 고마워."라고 말하며 닭이 생활하는 환경을 깨끗하게 만들어준다면 닭은 더 많은 달걀을 낳을지도 모른다. 하지만 상대에게서 더 많은 이익을 얻기 위해 뭔가를 제공하고 있으면서 그것을 애정이라고 착각하는 사람이 있다.

부모 자신이 마음의 갈등을 뛰어넘으면 아이는 안정감을 느끼고 행복한 어른으로 성장할 수 있다.

평소에 작은 일들을 확실하게 처리하지 못하는 사람은 큰일도 해결할 수 없다. 정치가가 선거 때만 "잘 부탁드립니다!" 하고 말한다면 사람들은 전혀 관심을 보이지 않는다. 일상생활이 중요하다. 하루하루 최선을 다하지 않는 사람은 의미 있는 일을 할 수 없다. 결국 의미 있는 일을 할 수 있는 사람은 평소의 작은 일들도 확실하게 처리하는 사람이다.

평범한 오늘은 일상의 노력들이 축적된 결과다. 따라서 평범한 오늘을 산으로 비유한다면 정상에 해당한다. 그런 사실을 느끼지 못하는 이유는 지금까지 가면을 쓰고 생활했기 때문이다. 그리고 지금도 자신이 가면을 쓰고 있다는 사실을 깨닫지 못하기 때문이다.

되는 일이 없다고 불평을 하는 사람

살아갈 수 있는 능력은 곧 문제 해결 능력이다. 살아갈 수 있는 능력이 없는 사람은 자신이 직면한 문제를 외면하거나 부인해 버린다. 이들은 주변 세계에 대해 몸을 사리기 때문에 사람들과 마음을 터놓고 교류할 수도 없다. 인간관계에서 문제가 발생하면 대부분 "상대방이 나쁘다."라고 주장함으로써 자신의 책임을 회피하려고 한다. "시끄러워!", "됐어!"라며 고함을 지르기도 한다.

이런 해결 방식은 당장의 위기를 벗어날 수는 있을지 몰라도 심리적으로는 고민과 갈등이 차곡차곡 축적된다. 혹은 분노의 형태로 마음에 쌓일 수도 있다. 이 분노는 아무리 많은 시간이 흘러도 사라지지 않는다.

문제가 없는 것이 결코 행복은 아니다. 인생에는 늘 문제가 발생한다. 행복은 그런 문제를 올바르게 해결할 수 있을 때에 발생하는 감정이다. 그렇기 때문에 똑같은 역경에 부딪히더라도 그것을 행복으로 받아들이는 사람이 있고 불행으로 받아들이는 사람도 있는 것이다.

병에 걸리더라도 "이 병 덕분에 삶이 얼마나 소중한지 알았어."라고 생각하는 사람이 있다. 반대로 "왜 나만 이런 병에 걸리는 거야."라고 불평을 내뱉는 사람도 있다.

병에 걸려 불만이 가득한 사람에게는 "이 병 덕분에 당신의 삶이 얼마나 소중한지 깨닫게 되었다고 생각하십시오."라고 조언을 해주어도 효과가 없다. 마음에 갈등을 끌어안고 있는 이상 무슨 조언을 들어도 불평만을 내뱉고 현실을 원망한다. 이런 사람은 병 때문에 불행한 것이 아니다. 원래 불행한 사람이 병에 걸린 것이다.

돈이 없어도, 집이 없어도, 일이 힘들어도 '건강하게 하루하루를 보낼 수 있다는 것'에 감사하는 사람은 일상적으로 꾸준히 자기실현을 이루고 있는 사람이다. 그러나 마음에 갈등이 있는 사람은 그다지 힘들지 않은 일을 하면서도 자기만 힘든 일을 한다고 생각한다. 자신은 불행하다고 불평하고 "누구는 운이 좋아서 돈 많은 남편 만나 매일 쇼핑이나 하고 다니는데……."라며 다른 사람을 질투한다. 한마디로 사는 데 아무 도움이 되지 않는 쓸데없는 것만 생각한다.

마음에 갈등이 있기 때문에 일상생활이 불쾌하게 느껴지는 것인데도 현재의 일상생활에 무엇인가가 결여되어 있는 것이 불쾌함의 원인이라고 생각하는 사람이 있다. 그런 사람은 매사에 투덜투덜 불평만 쏟아낼 뿐이다.

자신의 기질을 소중하게 여기면서도 모든 사람은 각각 다르다는 사실을 이해하고 있는 사람은 아무리 힘든 상황에 처하더라도 그것을 행복이라고 받아들인다. 이들은 다른 사람과 비교하지 않고 자신이 즐거움을 얻을 수 있는 일을 찾는다.

그러나 사람은 각각 다르다는 사실을 이해하지 못하는 사람은 자기 부재 상태에 놓여 있다. 자기 부재 상태이기 때문에 다른 사람에게서 인정을 받지 못하면 불안해한다. 즉, 자신의 자아를 다른 사람에게 맡기고 살아가는 것이다.

돈에 여유가 있고 마음에 여유가 없는 사람과, 돈에 여유가 없지만 마음에 여유가 있는 사람 중 어느 쪽이 행복할까? 전자는 아무리 많은 부를 축적해도 심리적으로는 행복해질 수 없다. 매일 초조한 마음으로 모든 일을 서두를 뿐이다. 화려한 식사를 해도 즐겁지 않다. 무슨 일을 해도, 어떤 것을 받아도 불쾌한 마음에서 벗어날 수 없다.

사람은 다른 사람에게 무엇인가 해주는 데서 더 많은 기쁨과 행복을 느낄 수 있는데, 유아적 바람이 강한 사람은 다른 사람에게서 받을 생각만 하기 때문에 시간이 흐를수록 불만만 쌓일 뿐 행복해질 수 없다. 잠자리에 누웠을 때 뭔가 찜찜한 느낌이 든다면 "오늘 나는 다른 사람을 위해 무슨 일을 했지?" 하고 하루를 되돌아볼 필요가 있다.

마음의 갑옷을 벗어던진다

매일 화장실을 청소하는 사람이 있다. 그는 청소를 한 다음에 향기 좋은 비누를 사용해서 걸레를 빤다. 다음 날에도 향기가 남아 있는 걸레로 청소를 하기 위해서다. 즉, 매일 깨끗하게 세탁한 걸레를 사용하는 것이다. 그렇게 하면 기분 좋은 냄새가 화장실에 스며든다고 한다.

화장실을 깨끗하게 유지하려면 걸레부터 깨끗하게 관리해야 한다. 화장실이라고 해서 원래 지저분한 것이 아니라 지저분한 걸레를 사용하기 때문에 지저분해지는 것이다.

인간관계도 마찬가지다. 매일 만나는 가족, 친구, 동료를 당연시해서는 안 된다. 매일 만나는 사람들이기 때문에 더욱 감사하는 마음으로 대해야 한다.

화장실이 지저분한 것은 지저분한 걸레를 사용하기 때문이다. 그로 인해 화장실은 지저분해도 상관없다는 사고방식이 생겨날 수도 있다. 현실은 자신이 만드는 것임을 기억하자.

어떤 독자로부터 편지를 받았다. 그는 평소에 고민이 많고 인간관계에도 두려움을 느끼고 있었다. 그러나 어느 날 우연히 탁구를 치다가 평소 자신이 고민하던 문제들은 굳이 신경을 쓰지 않아도 되는 것들이라는 깨달음을 얻게 되었다. 그리고 평범한 일상에 감사하는 마음을 가지게 되었다.

> 저는 아버지를 닮았습니다. 대학교 3학년에 재학하고 있고, 문학을 전공하고 있습니다. 평범한 얼굴이고, 키는 큰 편입니다. 패션을 좋아하고, 콘택트렌즈를 착용하고 있습니다. 가족으로는 부모님과 누나가 있습니다.
> 저는 친구를 만나고 학교에 다니고 식사를 하는 평범한 일상들이 정말 재미있게 느껴집니다. 당연하게 느끼던 모든 것들이 사실은 정말 고마운 것들이라는 생각이 듭니다. 제가 어떤 마음을 가지고 어떤 태도를 갖추는가에 따라 상대가 좋게 보이기도 하고 나쁘게 보이기도 하는 것 같습니다. 이런 사실을 탁구를 치다가 30분 만에 불현듯 깨달았습니다.

평범한 일상에 감사할 줄 모르는 사람이 있다면 일단 운동부터 시작해 보자. 이 사람도 탁구를 통해서 불과 30분 만에 행복이 무엇인지 깨달았다고 하지 않는가. 이 '30분'은 지금까지의 일상생활에서 벗어난 특별한 시간이 아니다. 그때까지의 생활의 연장선에 존재하는 시간이다. 행복하고 싶다는 의욕과 바람을 가지고 생활한 결과로 나타난, 매우 의미 있는 '30분'이다.

뭔가 고민이 되고 좌절감을 느낀다는 것은 제 자신이 무리한 '갑옷'을 입고 있다는 뜻이기 때문에 다음에 또 그런 느낌이 들 때에는 '삶'이라는 원점으로 돌아가서 제 자신의 삶에 문제는 없는지, 사고방식이 잘못되어 있는 것은 아닌지 반드시 반성해 볼 생각입니다. 마음이나 태도를 어떻게 가지는가에 따라 상대가 좋게 보이기도 하도 나쁘게 보이기도 한다는 사실을 알았으니까요.

평범함에 만족을 못 느끼는 사람은 무리한 갑옷을 입고 있는 것과 같다. 다른 사람에 대해 지나치게 방어적인 자세를 취하고 있는 것이다. 그래서 사람을 믿지 못하고 마음을 열지도 못한다. 평범한 일상이 불만으로 느껴질 때에는 그 갑옷을 벗어던지고 '삶'이라는 원점으로 돌아가야 한다. 아무렇지 않아 보이는 것들이 사실 행복이지만 갑옷을 입고 있기 때문에 그것을 행복이라고 느끼지 못하는 것이다. 지금까지 불안할 때마다 그 불안을 해결하는 방법을 잘못 선택한 데다, 그런 그릇된 선택이 되풀이되면서 마음의 습관이 되어버린 것이다.

불행을 한탄하며 자신을 '찬밥 신세'라고 표현하는 경우가 있다. 그러나 젊은 시절 신경증 환자였던 자신이 지금 이렇게 잘 살고 있다는 사실에 만족할 줄 알아야 한다. 또는 '찬밥 신세'였던 자신이 이렇게 잘 살고 있다는 데에서 끊임없이 샘솟는 자신의 에너지에 만족해야 한다. 만약 예전에는 괜찮았으나 지금 찬밥 신세라는 생각이 든다면 그것은 신이 안겨준 행운인지도 모른다. 그렇게 생각하고 원래의 위치로 돌아가 보면 된다.

행운 이후에 '더 큰 욕심'을 내면 실패를 맛본다. 그것은 원점을 잊어버린 과욕이다. 달관達觀은 세속적 욕심이 없다는 것이다. 나쁜 일이건 좋은 일이건 있는 그대로 받아들이는 것이다. 만족과 후회, 기쁨과 불만도 있는 그대로 받아들일 수 있어야 달관한다.

스스로에게 이런 질문을 던져보자.

"나는 관 속에 들어갈 때 무엇을 가지고 갈 것인가?"

공허함을 느끼는 이유

"무엇을 위해 일을 하는 것인지 알 수 없어요."라고 말하는 사람이 있다. 또 삶이 공허하다고 말하는 사람도 있다. 열심히 살아왔지만 공허함이 느껴질 때에는 다른 사람을 원망하기 전에 자신이 지금까지 무엇을 위해 노력해 왔는지 그 동기를 되돌아보아야 한다.

그 노력이 자기실현을 위한 노력이 아니라 다른 사람에게 잘 보이기 위한 신경증적인 노력이었다면 삶은 당연히 공허하게 느껴질 것이다. 자신에게 필요해서가 아니라 다른 사람에게 잘 보이기 위한 노력이었기 때문에 결국 자신에게는 삶이 공허하게 느껴지는 것이다. 다른 사람보다 우월해지기 위한 노력이었을 뿐, 스스로를 위한, 다른 사람들과 진심이 깃든 교류를 하기 위한 노력이 아니었던 것이다.

최선을 다한다고 해서 그것이 모두 자기실현을 위한 노력이라고 말할 수는 없다. 자신에 대한 실망이 크면 다른 사람의 기대에 약하다. 자신의 인생이 다른 사람에게 휘둘리게 된다.

다른 사람에게 좋은 인상을 심어주기 위해 권위를 획득하려고 노력하는 것은 자신의 약점 때문에 발생하는 문제로부터 스스로를 지키려는 노력일 뿐이다. 따라서 이때 주변 사람들이 자신의 기대만큼 움직여주지 않으면 불만이 쌓인다.

뉴욕대학에 있는 재활의학rehabilitation 연구소의 벽에는 다음과 같은 시가 걸려 있다.

큰일을 이룰 수 있게 힘을 달라고 기도했더니
겸손을 배우라고 나약함을 주셨다.
위대한 일을 할 수 있도록 건강을 달라고 기도했더니
현재의 건강에 고마워하라고 질병을 주셨다.
행복해질 수 있도록 부를 달라고 기도했더니
현명해지라고 빈곤을 주셨다.
사람들에게 인정을 받도록 성공하게 해달라고 기도했더니
자만하지 말라고 실패를 주셨다.

행복해질 수 있도록 부를 원하고 사람들에게 인정을 받을 수 있도록 성공을 바라면서 평범함을 얼마나 소홀이 여기고 살아왔는지 돌아볼 필요가 있다.

사람들은 불안하기 때문에 부, 칭찬, 성공을 손에 넣어 안심하려 한다. 그리고 이들을 대단한 것으로 생각하는 반면에 '평범함'은 공기처럼 당연한 것으로 여긴다. 이런 사고방식을 갖는 것은 열등감을 끌어안고 있기 때문이다. 심리적으로 불안한 상태에 놓여 있기 때문이다.

큰일을 이루기 위해, 행복해지기 위해, 사람들에게 인정받기 위해 노력하는 것은 모두 마음의 공허함을 메우기 위한 발버둥이다. 그렇기 때문에 성공을 하지 못하면 무기력해진다.

자기실현을 위한 노력은 그 결과가 성공이건 실패이건 사람을 무기력하게 만들지 않는다. 자신의 불확실함을 알고 있기 때문에 무엇인가 확실한 것을 원하는 것이다. 반면 불안함을 메우기 위해 자기실현과 무관하게 행동하는 사람은 인생의 축을 잃고 주변 세계에 휘둘리며 살아간다. 어느 순간, 뒤를 돌아보면 아무것도 남아 있지 않다. 안도감을 얻기 위해 부와 성공을 원하지만 결과는 더 불안해질 뿐이다.

최선을 다해 노력했는데도 보상이 없다고 한탄하는 사람들이 있다. 열등감이 동기로 작용한 노력의 결과물은 더 심각한 열등감을 낳을 뿐이고, 불만을 더욱 커지게 할 뿐이다. 그래서 비판에 대해 과민한 반응을 보이고, 툭하면 화를 내고, 늘 초조하고 불안한 모습을 보인다. 자기실현을 위해 노력한 것이 아니라 불안감을 해소하기 위해 노력했기 때문이다. 그러나 의욕적인 사람은 한계에 이르더라도 웃음과 여유를 잃지 않는다.

자기실현과 무관하게 오직 불안을 벗어나기 위해 노력한 사람은 혹시 발생할지도 모를 사건에 지레 두려움을 느낀다. 이런 식으로 늘 두려움에 젖어 있기 때문에 자신을 지키기 위해 극한의 노력을 기울인다.

안도감을 얻고자 하는 마음은 누구에게나 있다. 그것은 본질적인 욕구다. 이 욕구가 어린 시절에 충족된 사람도 있고 그렇지 않은 사람도 있다. 행복하고 싶다면 자신이 어린 시절에 그런 충족감을 경험한 사람인지, 그렇지 않은 사람인지 확실하게 의식화해야 한다. 그것이 자신의 위치를 올바르게 이해할 수 있는 기준이기 때문이다. 자신의 위치를 올바르게 이해할 수 있어야 노력의 방향을 올바르게 설정할 수 있다.

배려하는 마음이 행복을 가져온다

적대적인 주변인들에 둘러싸여 성장함으로써 노력을 기울여야 할 방향을 잘못 선택한 사람이 있다. 어린 시절의 환경은 그 사람의 책임이 아니다. 중요한 것은 자신의 주변 상황을 객관적으로 인식한 다음 노력의 방향을 수정하는 태도다.

행복해지기 위해 굳이 부를 원하지 않더라도 배려하는 마음을 갖추고 있으면 사람은 행복해질 수 있다. 상처 입은 동물의 고통을 함께 나눌 수 있으면 행복해질 수 있다. 사고를 당하여 죽은 동물에 대하여 가슴 아프게 생각할 수 있으면 행복해질 수 있다.

자신의 위치를 분명하게 인지함으로써 부나 권력이 아닌, 자신을 둘러싼 평범한 일상 속에서 행복을 찾는 것이다. 이로써 타인에 대한 배려도 갖추게 되고, 더욱 행복한 삶을 살아가게 된다.

버려야 할 것은 열등감이다. 평범함에 감사하는 마음은 더 크게 키워야 한다. 그러나 마음에 불안과 심각한 열등감을 끌어안고 있는 사람은 이것을 실행하기 어렵다. 많은 사람이 열등감 때문에 부, 권력, 명성이라는 안도를 얻기 위해 평범함을 버린다. 그래서 잘못된 길로 들어서는 것이다.

회사를 최근에 옮긴 한 사람을 만났다. 그동안 힘이 들었는지 부쩍 야위어 있었다. 그는 먼저 다니던 회사에서 직위에 불만이 있었다. 자아도취에 빠져 자신의 위치를 이해하지 못하고 있었던 것이다. 자신은 회사에서 더 높은 직위에 앉아 있어야 한다고 생각했다. 그런 착각을 한 이유는 사실 그의 마음이 불안하기 때문이었다. 그래서 더 출세를 해서 안도감을 얻으려 한 것이다.

하지만 다른 사람에게는 그 사람의 위치가 제대로 보였다. 사람들은 그가 회사에서 불공평한 대우를 받는다고 생각하지 않았다. 그의 적성과 능력을 잘 알고 있었던 것이다. 그런데도 주변 사람들은 그에게 그런 말을 해주지 않았다. 그가 자신의 위치에 대해 타인이 이러쿵저러쿵 말하는 것을 싫어했기 때문이다. 그는 벌거벗은 임금님이었다. 그는 마음이 불안한 나머지 다른 사람에게 지는 것도 싫어했다.

이런 사람 주변에는 적대적으로 여겨지는 사람들만 존재하고 그에 대한 불신감만 넘쳐날 뿐이다. 그로 인해 이들은 마음 놓고 살아가기 위해 더욱 강한 힘에 의존한다. 이들에게 필요한 것은 자신의 에너지가 어디를 향하고 있는지 확인하는 것이다. 에너지가 향하는 방향이 행복과 불행을 가른다.

자신을 바라보는 다른 사람의 생각은 컨트롤할 수 없다. 그런데도 그것을 컨트롤하기 위해 에너지를 사용하는 사람이 있다. 반대로 자신과 관계 있고, 자신이 통제 가능한 일들을 컨트롤하는 사람이 있다. 후자가 다른 사람의 생각을 인정하고 배려하는 사람이다. 이런 사람이 행복해질 수 있는 사람이다.

계획을 가지고 살아간다

이솝 우화에 '까마귀와 뱀' 이야기가 있다. 계획성 없는 까마귀를 통해 큰 교훈을 얻을 수 있다.

> 까마귀가 먹이를 찾고 있던 중, 풀숲에서 잠을 자고 있는 뱀을 발견했다. 까마귀는 뱀을 잡아먹기로 했다. 하지만 뱀을 잡으려고 가까이 다가갔다가 오히려 뱀에게 물리고 말았다. 까마귀는 죽음을 맞이하며 이렇게 말했다.
> "한심한 일이야. 이렇게 좋은 먹잇감을 발견했는데, 그 때문에 죽어야 하다니……."

여기서 까마귀는 자신의 위치를 전혀 이해하지 못하고 있다.

자신은 까마귀고 상대는 뱀이라는 사실을 인지하지 못한 것이다. 사람이 여기저기 손을 뻗으며 욕심만 내서는 아무것도 얻을 수 없다. 이런 사람은 정말로 좋아하는 것이 없기 때문에 다른 사람이 가지고 있는 것은 자신도 당연히 가져야 한다는 식의 쓸데없는 욕심을 부린다. 아이에 비유하자면, 불만에 가득 찬 아이가 이것저것 집적거리면서 늘 새로운 것을 찾는 것과 같다. 어른에 비유하자면, 툭하면 직업을 바꾸는 사람이 그렇다.

만족스럽게 살면서 맡은 일도 제대로 처리하는 사람은 직업이 하나로 정해져 있다. 이것저것 다양한 직업을 전전하는 이유는 심각한 열등감이 있기 때문이다. 열등감이 있는 사람은 욕심만 부릴 뿐 실제로 하는 일에는 계획성이 없다. 그렇기 때문에 일을 해도 그 일이 오히려 발목을 잡는 결과를 낳는다.

눈앞에 있는 돈을 손에 넣는 것도 계획이 있어야 가능하다. 까마귀는 뱀을 잡기 위한 계획을 세우지 않았다. 진지하게 뱀을 잡기 위한 계획을 세웠다면 먼저 뱀이 어떤 동물인지 관찰하고, 뱀에 대한 정보도 모았을 것이다. 마음에 상처를 끌어안고 있기 때문에, 즉 마음이 약하기 때문에 계획을 세우지 못하는 것이다.

회사를 그만두고 창업을 한 사람이 있었다. 그는 즉시 토지를 매입했다. 그러나 빌딩을 세울 돈이 없었다. 그러다 보니 무리한 빚을 지게 되었고 그 빚에 시달리게 되었다.

계획을 세우면 자신의 위치를 이해할 수 있고, 자신이 놓여 있는 입장도 간파할 수 있다. 어떤 일이건 시간을 두고 기다려야 해결된다는 사실도 알고 있다.

초밥을 만드는 기술이 없는 사람이 초밥 전문점을 열었다. 멋진 간판을 내걸고 가격을 낮추었다. 처음에는 가게에 손님들이 넘쳐났다. 얼마 후에는 정상적으로 경영하기 위해 가격을 적정 수준으로 끌어올렸다. 그런데 맛이 없기 때문에 손님들의 발길이 뚝 끊어지면서 적자로 폐업을 할 수밖에 없게 되었다.

다른 사람이 가진 것을 자신은 가지고 있지 않다는 이유로 불안해하는 사람은, 피로를 느끼면 강장제에 의존함으로써 피로를 일시적으로 해소하기도 한다. 이런 식으로 한시라도 빨리 안도감을 얻어야겠다고 서두르는 사람은 자신이 놓인 위치를 올바르게 이해할 수 없다.

매번 책을 쓸 때마다 베스트셀러를 목표로 하는 저자가 있다. 또는 베스트셀러를 쓰는 저자와 자신을 끊임없이 비교하는 저자가 있다. 이런 허황된 욕구는 심각한 열등감 때문에 발생한다. 그 결과는 좌절이다. 이런 사람은 에너지가 넘치는 것처럼 보이지만 사실은 에너지가 없는 불안한 사람이다. 자신에게 무리되지 않는 적절한 대상을 목표로 삼고 꾸준히 노력하는 사람이 정말로 저력이 있는 사람이고 에너지가 넘치는 사람이며, 마지막에 웃을 수 있는 사람이다.

어떤 사람의 웃는 얼굴 뒤에는 끊임없는 노력이 있다는 사실을 잊지 말아야 한다. 평범하게 살아간다는 것은 삶에 꾸준히 노력을 기울이고 있다는 것이다. 여기에는 엄청난 에너지가 필요하다.

평범하게 살아가는 것은 사회적으로 볼 때의 평범함이다. 평범함에 만족하는 사람은 살아갈 수 있는 에너지가 있는 사람이다. 심리적으로 보면 그 사람이 바로 우승컵을 손에 들고 있는 사람이다.

성과를 얻으려고 서두르면 모든 것을 잃는다

하나의 길을 열기 위해서는 끊임없는 노력이 필요하다. 그러나 불안에 사로잡힌 사람은 당장 해결할 방법을 원한다. 단거리 경주와 마라톤 경주를 구별하지 못하는 것이다.

인생은 마라톤이다. 만약 지금 당장의 해결 방법을 원하고 있다면 마음에 갈등을 끌어안고 있다는 사실을 자각해야 한다. 그리고 그 마음의 갈등과 직면해서 맞서야 한다.

매일 꾸준한 노력을 지속하려면 에너지가 필요하다. 그것이 살아가는 것의 기본이다. 그런 매일의 꾸준한 노력을 통해서 길이 열린다. 그렇게 하지 못하는 이유는 지금까지 마음의 충족감을 무시한 채 결과만을 추구하면서 살아왔기 때문이다.

이제는 결과에서 과정 쪽으로 시선을 돌려야 한다. 자신의 마음으로 주의를 돌려야 한다. 어린 시절부터의 꾸준한 노력과 작은 성과의 축적이 오늘을 만들어낸다. 과정을 무시하고 좋은 결과만을 원하는 사람이 갖추고 있는 자아는 가식적인 자아이며, 자신의 위치를 이해하지 못하는 자아다. 그런 사람은 지금까지 잘못된 방향을 설정하고 노력을 기울인 것이다. 즉, 다른 사람에게 잘 보이려는 데에 모든 에너지를 소비했기 때문에 자신의 마음을 충족시키는 데에 사용할 에너지가 남아 있지 않다. 불안감과 열등감이 그 사람의 '살아가는 능력'을 위축시켜 버린 것이다.

다른 사람에게 잘 보이기 위해 노력하면서도 자신에게는 진정한 자아가 있다고 생각하는 사람이 있지만, 그것은 가식적인 자아다. "다른 사람에게 잘 보이지 않으면 무슨 문제라도 생깁니까?"라고 아무렇지 않게 말할 수 있는 사람이 진정한 자아를 갖춘 사람이다.

인간관계를 형성하건 고민을 해결하건, 무슨 일이건 시간이 필요하다. 한 가지 일에 시간을 들여 꾸준히 노력할 수 있어야 원하는 결과를 얻을 수 있다. 그러나 마음에 갈등을 끌어안고 있는 사람은 당장의 성과, 당장의 해결을 원한다. 이것이 카렌 호나이가 말하는 신경증적인 문제 해결 방식이다. 이래서는 문제가 본질적으로 해결되지 않는다.

성과를 서두르면 모든 것을 잃어버릴 가능성이 높다. 정말로 행복해지고 싶다면 작은 것을 해결해야 한다. 큰 성과를 얻기 위해 서둘러서는 안 된다. 서두른다는 것은 자신의 본질적인 욕구가 충족되어 있지 않다는 의미다. 특별히 정한 약속 시간이 있는 것도 아닌데 늘 초조해한다. 정해진 시간이 있는 것도 아닌데 급하게 서두른다. 그런 식으로 초조하게 서두르고 있을 때에는 욕구불만이 한계에 이르렀기 때문임을 인지해야 한다.

꾸준한 노력을 할 수 없을 때에는 마음에 갈등을 끌어안고 있다는 사실을 인정해야 한다. 친구가 많은 것처럼 행동하고 늘 많은 사람들과 어울려 지내는 사람이야말로 외로움을 견디지 못해 가식적인 자아를 갖추고 있는 사람이다. 자신의 진정한 바람, 욕망, 목적이 무엇인지 찾아내는 습관, 자신에게 충족되어 있지 않은 본질적인 욕구가 무엇인지 찾아내는 습관을 갖추면 인생은 바뀐다.

다른 사람의 시선을 의식하지 않는다

"나는 개성 있게 살고 싶어. 평범한 생활은 싫어."라고 말하는 사람은 사실 꾸준한 노력을 할 수 없는 사람이다. 꾸준한 노력 없이는 평범하게 살 수 없다.

마음의 평온과 충족감이 없으면 평범한 생활은 할 수 없다. 자신을 올바르게 이해하는 사람만이 만족을 알고 평범하게 살 수 있다. 자신에게 익숙한 사람만이 불안과 불만에서 해방된다.

"강박적으로 명성을 추구하는 사람도 끊임없이 노력은 하고 있다."

이렇게 말하는 사람도 있을 것이다. 당연히 그럴 수 있다. 그런 사람들도 보통 사람은 상상도 할 수 없을 정도로 엄청난 노력을 할 것이다. 의지도 확고한 사람일 수 있다. 그렇다면 평범하게 살면서 행복을 느끼는 사람의 노력과 이들의 노력은 어떤 점이 다를까? 바로 노력의 동기다. 차이는 두 가지다.

첫째, 평범하게 살고 있는 사람이 노력을 하는 동기에는 복수심이나 분노가 없다. "반드시 보란 듯이 갚아줄 거야." 하는 마음이 없다.

지나칠 정도로 명예를 추구하는 사람은 대부분 성공을 통해서 사람들의 위에 서고 싶어 한다. 보복 심리가 작용하는 것이다. 성공을 원하는 마음이 복수심과 일체화되어 있는 경우에는 아무리 노력을 해도 불행과 절망의 길을 걷게 된다. 강조해서 말하건대, 그런 의지는 자신을 파괴하는 결과를 낳는다.

둘째, 평범하게 살고 있는 사람에게는 타인에게서 인정을 받고 싶어 하고, 거기에서 만족하는 의존적 욕구가 적다는 것이다. 사람들에게 미움을 사는 것이 두렵기 때문에 "이것을 한다"는 식으로 다른 사람의 시선을 의식하면서 행동하지 않는다. 따라서 평범하게 살고 있는 사람의 노력은 항상 마음의 성취감으로 보상을 받는다.

강박적으로 명성을 추구하는 사람의 노력은 보상을 받지 못하는 경우가 많다. 인정도 받지 못한다. 그런 욕구가 충족되지 않았을 때의 반응은 욕구의 크기에 비례한다. 인정을 받고 싶다는 욕구가 클수록 인정을 받지 못했을 때의 불만도 크다. 무기력해지거나 상처를 받아 비행으로 치닫거나 이상한 행동을 통하여 마음을 속이거나 자포자기하는 등의 다양한 행동은 인정을 받고 싶다는 욕구의 크기에 비례한다.

인정을 받고 싶다는 욕구가 강할수록 거절에 과민한 반응을 보이고 다른 사람의 말에 민감하게 반응한다. 아무렇지 않은 말도 비난으로 받아들인다. 단순한 조언이나 주의도 경멸로 받아들인다.

물론 이런 수용도 그 사람의 성장 과정에서는 옳은 것이었을 수 있다. 과거에 그 사람이 들은 조언이나 주의 안에 경멸이 감추어져 있었을 수도 있다. 그러나 성인이 된 이후 그를 둘러싼 주변 세계는 바뀌었다. 그런데도 과거와 마찬가지로 "저 사람은 나를 경멸하는 것이다."라고 계속 생각하는 것이 문제다. 어린 시절의 수용 방식에 평생 지배당하기 때문에 노력이 보상을 받지 못한다.

자신을 소중하게 여기는 태도

평범한 일상을 살아가는 것, 즐거운 마음으로 사람들과 진심이 담긴 교류를 가지는 것이 자신을 소중하게 여기며 살아가는 태도다. 길을 걷거나 운전을 하는 식으로 평범하게 살아가는 현재의 자신을 유지하는 태도가 자신을 소중하게 여기는 태도다. 자신을 소중하게 여기며 살아가는 사람은 일찍 자고 일찍 일어난다. 그런 평범한 생활이 살아가는 토대가 된다.

예를 들어, 지금 건강하다면 자신의 건강을 유지하려는 노력이 자신을 소중하게 여기는 태도다. 질병에 걸렸다면 치료를 하기 위해 최선을 다하는 것이 자신을 소중하게 여기는 태도다. 요리를 할 수 있다면 매일 즐거운 마음으로 요리를 하는 것, 그 행위를 즐기는 것이 자신을 소중하게 여기는 태도다. 즐기다 보면 능력이 향상된다.

오늘 하루를 만족스럽게 보냈는가? "오늘 그것을 할 수 없었어."라고 후회하는 것이 아니라 "오늘 이것을 할 수 있었어."라고 만족하고 있는가? 만족을 아는 것이야말로 자신을 소중하게 여기면서 살아가는 데에 빼놓을 수 없는 요소다.

불만이 있으면 적대감이 고개를 치켜든다. 마음속에 적대감이 존재하면 다른 사람과 마음을 주고받을 수 없고, 노력해야 할 방향 또한 잘못 설정한다.

자신의 인생을 다른 사람에게 보여주기 위해 살고 있는 사람은 평범한 식사에 만족하지 않는다. 평범한 식사는 그 사람의 허영심을 충족시켜 주지 않기 때문이다. 그래서 유명 호텔에서 고급 와인을 마시려 한다. 반대로 자신을 소중하게 여기며 살아가는 사람은 평범한 식사에 만족한다.

사과나무에 빗대어 간단하게 말하자면 이렇다. 나무에 사과가 열린다. 사과가 있으면 자신은 건강하게 지낼 수 있다. 내년에도 그 나무에 사과가 열릴 수 있도록 노력한다. 이것이 바로 평범함을 유지하고 자신을 소중히 여기는 태도다.

건강은 체력만의 문제가 아니다. 사람들과 마음을 주고받을 수 있는 것도 건강한 삶이다. 마음에 갈등이 있는 사람은 "내년에는 더 많이 수확해야지." 하는 생각에 비료를 지나치게 많이 줘서 사과나무를 죽게 만든다. 현재보다 더 많은 수확을 바라는 사람은 사과를 좋아하지 않는 사람이다. 자신과 타인에게 만족하지 않는 사람이다.

자신을 소중하게 여기지 않는 사람은 꾸준한 노력을 기울이지 않는다. 비현실적인 꿈만 꾸다가, 결국에는 좌절감을 맛본다. 자신에게 불만이 있는 사람은 자신을 소중하게 여길 수도 없다.

반면에 자신을 소중하게 여기는 사람은 '건강한 방법'으로 인간관계를 형성한다. '건강한 방법'이란 서로의 의견을 주고받고 숨김없이 있는 그대로의 자신을 보여주는 방법이다. 어색하거나 꾸밈이 없는, 자연스러운 방법이다. 돈이 없는데 있는 척을 하면 데이트도 하기 어렵다. 아예 불가능한 것은 아니지만 매번 그렇게 데이트를 하며 오래 인연을 이어가기는 어렵다. 인간관계도 마찬가지다.

불만은 밀어내고
현재에 감사한다

언젠가 잭슨 브라운H. JAckson Brown Jr.이라는 사람이 쓴 《A Father's book of wisdom》이라는 미국의 명언집을 번역한 적이 있다. 그 책에 다음과 같은 말이 있었다.

> 당신이 받은 사랑을 소중하게 여겨라. 그것은 당신의 돈이나 건강이 모두 사라진 뒤에도 남는 것이다.

이 부분에 관해서 나는 다음과 같은 해설을 첨부했다.

> 사랑을 받는 것은 처음에는 신선하지만 점차 당연하게 여겨진다. 때로는 사랑이 돈이나 건강을 함께 가져다준다. 사랑이 에

너지를 낳고, 그 결과 건강해지기도 하고 움직일 수 있는 기력도 생긴다. 하지만 돈을 사랑보다 소중하게 여기게 되는 순간부터 사랑을 잃고, 그 결과 돈과 건강까지 모두 잃는다.

좋은 친구, 건강, 행복한 결혼 생활은 우리가 살아가면서 당연하게 생각할 대상이 아니라 고맙게 생각해야 할 대상이다. 좋은 친구도 당연히 존재하고 있는 것이 아니다. 긴 세월을 지나오는 동안 크고 작은 신뢰가 쌓여 좋은 관계가 형성된 것이다.

"로마는 하루아침에 이루어지지 않았다."는 격언은 여기에도 해당된다. 나라의 초석을 다지는 과정에서부터 점차 영토를 확장하여 대제국을 이루기까지 근 500년이라는 시간이 필요했다.

신경증에 걸린 사람은 이 점을 이해하지 못한다. 좋은 친구, 건강, 행복한 결혼 생활 등이 쉽게 손에 넣을 수 있는 것이라고 생각한다. 따라서 이런 대상들을 손에 넣기 위한 노력을 하지 않는다.

행복하기 위한 조건은 당신이 원하는 것 몇 가지를 포기하는 것이다. 즉, 오만해서는 안 된다는 뜻이다. 과욕을 부려서는 절대로 행복할 수 없다. 오만하지 않은 사람은 자신의 약점을 잘 알고 있기 때문에 도리어 사람들을 존중하고 배려할 줄 안다. 자신에게도 약점이 있다는 사실을 자각하고 있기 때문에 사람들을 존중하고 배려할 줄 아는 것이다.

건강으로 비유한다면 일병식재一病息災 상태다. 건강하고 심신이 모두 이상이 없는 무병식재無病息災 상태일 때에는 자신의 건강을 과신하고 무리하기 쉽지만, 약한 질병을 한 가지 앓고 있으면 오히려 건강에 신경을 쓰기 때문에 꾸준히 체력을 관리해서 장수할 가능성이 높아지는 것이다.

오늘도 좋아하는 텔레비전 드라마를 보고 따뜻한 욕조에 몸을 담글 수 있었다. 정말 행복한 삶이 아닌가. 고민과 불만은 밀어내고 행복감을 마음껏 즐기자.

행복해지기 위해서는 현재를 소중하게 여겨야 한다. 장래를 생각하면 누구나 불안하다. 과거를 생각하면 누구에게나 불만도 있고 가슴 아픈 경험도 있다. 아니, 현재의 생활에도 누구나 불만은 있다. 주변 사람을 생각하면 억울한 일도 있고 용서할 수 없는 사람도 있다. 하지만 고민이나 불만은 일단 제쳐둔다.

지금 이렇게 마음 놓고 식사를 할 수 있다. 지금 이렇게 두 다리로 걸을 수 있다. 지금 이렇게 침대에 누워 편하게 잠을 청할 수 있다. 현재에 감사하는 이런 태도가 오늘을 어제처럼 살아가고 유지하는 생활의 기본이다.

어제도 불쾌한 일, 기분 나쁜 일 등 다양한 일들이 있었지만 그런 문제는 제쳐두고 지금 이렇게 편하게 지낼 수 있다는 사실에 감사할 수 있어야 한다. 내일을 생각하면 걱정이 되는 일, 불안한 일, 초조한 일 등이 있겠지만 일단 제쳐두고 현재의 무사함에 감사할 수 있어야 한다. 그런 식으로 감사하며 오늘도 어제처럼 살아가는 것이다.

최선을 다하면 납득할 수 있다

운동회 달리기에서 꼴찌가 되었다. 그러나 꼴찌면 어떤가. 우울해할 필요는 전혀 없다. 대학 입시에 떨어졌다. 내년에 다시 도전하면 된다. 조금 더 노력하면 오히려 더 좋은 대학에 들어갈 수도 있다.

여러 가지 일이 일어날 수 있지만 있는 그대로 받아들이고 가볍게 넘어간다. 기분 나쁜 일이 발생해도 가볍게 넘길 수 있는 이유는 지금까지 하나하나의 체험을 충분히 납득하면서 살아왔기 때문이다. 하지만 지금까지 다른 사람에게 보이기 위한 삶을 살아온 사람은 그 체험들을 납득하지 못한다.

"후회는 없어."라고 말할 수 있는 이유는 그때그때마다 나름대로 최선을 다했기 때문이다. "후회는 없어."라고 말하는 그 자체가 중요하다. 그런 여유를 가져야 다른 사람의 다름을 인정할 수 있고, 그래서 인간관계의 폭도 넓어진다. 그것이 마음의 풍요로움이다. 사회적으로 아무리 우수해도 마음이 풍요롭지 않은 사람의 인간관계는 폭이 좁을 수밖에 없다.

마음이 불안한 사람은 다양한 일을 시도하는 데다 그때마다 매번 완벽을 추구하기 때문에 마음이 더욱 불안해진다. 현재를 즐길 줄 모르는 것이다. 모든 불안을 사라지게 해줄 수 있는 비현실적인 강력한 힘을 바라면서도 마음속에 엄청난 적대감이 축적되어 있기 때문에 더욱 불안해서 견디지 못하는 것이다.

삶이 괴로울 때에는 최고best를 바라면 안 된다. 최고만을 바라면 자유롭게 움직일 수 없기 때문이다.

업무 때문에 하루 종일 시달린 연인이 퇴근을 하여 만났다. 그때 "피곤해. 하지만 이렇게 자기를 만날 수 있다는 게 얼마나 행복한지 몰라."라고 말할 수 있는 연인이라면 평범한 생활에 감사할 줄 아는 사람이다. 이런 사람이 노력을 하는 동기에는 복수심이나 의존적 욕구가 존재하지 않는다.

베스트가 아닌 베타를 바란다

우울증 환자가 부작용이 두려워 약을 복용하지 않는 경우가 있다. 그런 환자는 베스트best만을 추구하는 것이다. 그 사람의 생각에 베스트는 약을 복용하지 않으며 정상인과 똑같이 생활하는 것이기 때문이다. 차선책beta은 부작용이 있더라도 약을 복용하는 것이다. 이때 최악의 선택은 부작용을 두려워한 나머지 꼭 복용해야 하는 약도 복용하지 않으며 병을 키워가는 것이다.

베스트를 바라는 사람은 과욕을 부린다. 늘 마음이 비어 있는 사람이고, 무엇보다 자신의 위치를 이해하지 못한다. 자신이 환자라는 위치를 이해하지 못하는 것이다. 그렇기 때문에 늘 베스트에 매달린다.

열등감이 문제다. 마음에 갈등이 없으면 베스트에 매달리지 않고, 현실적인 차선책을 선택한다. 베스트에 집착하는 이런 심리는 어린 시절부터 주변 사람들에게 베스트를 강요당했기 때문에 나타난다. 즉, 부모로부터 베스트가 아니면 안 된다는 요구를 받으며 자란 것이다. 부모는 베스트가 되어야 만족했다. 하지만 사실 자녀에게 베스트만을 요구하는 부모는 마음에 증오가 가득 찬 사람이다. 그런 부모 밑에서 성장한 자녀는 늘 불필요한 고민에 빠져서 살아간다.

더 이상 증오심으로 가득 찬 부모의 요구에 희생양이 될 필요는 없다. 이를 알고서도 자신이 할 수 있는 일부터 시작하지 못하는 것은 앞으로도 계속 부모의 희생양으로 살아가겠다는 것과 같다. 이런 부모 밑에서 자란 경우에는 마음의 빚을 짊어지고 살게 된다. 하지만 대부분의 사람들은 그것을 깨닫지 못한다. 늘 초조한 사람, 자신을 컨트롤하지 못하는 사람, 강박관념에 사로잡힌 사람들은 마음의 빚에 쫓기고 있는 것이다.

'자신의 위치'를 돌아볼 때 심리적인 부분을 경제적인 부분으로 치환해 보면 쉽게 이해할 수 있다. 사람은 빚을 지면 자신이 거액의 빚을 지고 있다는 사실을 자각한다. 따라서 분수에 맞지 않게 사치나 허영을 부려서는 안 된다고 생각한다.

마찬가지로, 어린 시절에 증오심으로 가득 찬 부모 밑에서 자란 사람이 있다고 하자. 부모에게는 자녀에게 관심이 없거나, 지배적이거나, 자녀를 학대하거나, 자녀에게 과도하게 집착하는 등 다양한 문제가 있을 것이다. 이러한 부모 밑에서 자란 사람들은 당연히 어린 시절에 뛰어넘어야 할 인간관계에서의 심리적 과제를 해결하지 못한 채 그대로 몸만 성장한다. 그렇기 때문에 성인이 된 이후에 사람들과 자연스럽게 어울리지 못한다. 당시에 해결해야 할 심리적 과제를 해결하지 못한 채 그것을 현재의 인간관계에 계속 적용하는 것이다.

그 전형적인 예가 어머니의 집착을 해결하지 못한 채 마더 콤플렉스 증상을 보이는 남성의 연애다. 본인은 정작 자신이 심리적으로 거액의 빚을 가지고 있다는 사실을 자각하지 못한다. 현실에서 거액의 빚을 짊어진 사람은 자신이 빚을 지고 있다는 사실을 자각하고 그에 맞게 행동하지만, 어린 시절에 심리적으로 해결하지 못한 문제를 끌어안고 있는 사람은 그런 자각 없이 심리적으로 건강한 사람과 똑같이 행동하려 하는 데서 모든 문제가 발생한다.

심리적 의미에서 자신의 위치를 이해한다는 것은 자신의 기본적인 욕구가 얼마나 충족되어 있는지를 이해하는 것이기도 하다.

정신분석가인 프롬 라이히만은 이렇게 말했다.

> 성인이 된 이후에 인간관계에서 발생하는 어려움은 어린 시절의 인간관계를 바탕으로 이해해야 한다.•

부모가 파산하면 자녀는 그것을 기억한다. 어린 나이에도 그런 자각은 있다. 그렇기 때문에 부모에게 무리한 요구를 하지 않는다. 자녀는 결코 부잣집 아이들처럼 행동하지 않는다.

프롬 라이히만은 "성인이 된 이후의 인간관계는 어린 시절에 중요한 인물과의 인간관계에서 해결되지 못한 문제가 전이된 것이다."•• 라고도 했다. 그럼에도 불구하고 심리적 문제를 끌어안고 있는 사람들은 심리적 문제가 없는 사람들과 똑같이 행동하려 한다. 그야말로 자신의 위치를 전혀 이해하지 못하고 있는 것이다.

다른 사람과 자신을 비교하여 우월감을 가지거나 열등감을 느끼는 사람은 자신의 위치를 올바르게 이해하지 못하는 사람이다. "나는 지금 심리적으로 거액의 빚을 지고 있다."는 자각이야말로 미래를 여는 열쇠다. 그런 자각이 있으면 고민이 있더라도 일단 제쳐두고 현실의 행복을 즐기는 태도를 취할 수 있다.

• Frieda Fromm-Reichmann, *Principles of Intensive Psychotherapy*, The University of Chicago Press, 1950, p.4.
•• Frieda Fromm-Reichmann, 위의 책, 1950, p.4.

마치는 글

이 책에서는 자신을 올바르게 이해하는 태도가 얼마나 중요한지에 대하여 거듭 설명하고 있다. 그런 토대 위에서 다음의 세 가지 사항을 눈여겨보길 바란다.

첫째, 평범한 생활에 감사해야 한다는 것이다.

앞에서도 설명했듯이 사람은 질병에 걸려야 비로소 건강한 신체에 대한 고마움을 깨닫는다. 어떤 사람을 잃어보아야 비로소 그 사람의 소중함을 깨닫는다.

어떤 사람은 사지가 멀쩡한데 삶에 대해 불평을 쏟아내며 매일같이 술을 마셨다. 그리고 술에 취해 비틀거리다가 지하철 플랫폼에서 떨어져 두 다리를 잃고 말았다. 그는 그제야 비로소 자신에게 소중한 두 다리가 있었다는 사실을 깨달았다.

평범한 생활도 마찬가지다. 가장 중요한 것인데도 함부로 생각하다 잃고 나서야 비로소 그 고마움을 깨닫는다. 또는 어떤 문제가 발생해야 비로소 평범한 생활의 소중함을 깨닫는다.

인생이 뜻대로 풀리지 않는 사람 중에는 자신을 이용하려는 사람들과 어울리면서 자신을 소중하게 생각해 주는 사람에게는 함부로 대하는 경우가 많음을 기억해야 한다.

둘째, 평범한 생활을 함부로 여기는 사람은 자기중심적이기 때문에 이상한 사람들을 만나게 된다는 것이다.

자기중심적인 사람에게 친절하게 말을 걸어오는 사람들은 대부분 이상한 사람들이다. 여기에서 '이상한 사람'은 다른 말로 표현하면 자기소외를 당한 사람을 의미한다. 자기중심적인 사람들은 이런 사람들과 어울리다가 다시 한번 잘못된 길로 들어서게 되고, 심각한 실수를 범한다. 자기중심적인 사람들에게 말을 걸어오는 이들은 동료들과 원만한 유대 관계를 가지지 못하는, 욕구불만에 찬 토끼와 같은 이들뿐이다.

열심히 살고 있지만 왠지 재미가 없다. 노력을 해도 삶이 즐겁지 않고, 불쾌한 감정만 심해진다. 이런 사람은 "나는 혼자 육지를 걷고 있는 거북이 아닐까?" 하고 반성해 보아야 한다. 앞에서도 설명했듯이 물속을 나와 육지를 걷는 거북은 본래 자신이 있어야 할 장소를 벗어난 거북이다.

설사 자신이 혼자 육지를 걷고 있는 외로운 거북이라는 사실을 깨닫는다고 해도 자신을 책망해서는 안 된다. 본래 자신이 있어야 할 장소에서 벗어났다면 그럴 만한 이유가 있을 것이다. 성장기에 누군가가 "물속에 사는 것보다 육지에 사는 게 더 가치가 있다."고 말했기 때문에 일그러진 가치관을 가지게 된 것이다.

자신이 혼자 육지를 걷고 있는 거북이라는 사실을 깨달았다면 우선 자신의 삶에 심리적 문제가 있었다는 사실을 인정해야 한다. 본래 자신이 있어야 할 장소를 벗어난 사람은 무기력해진다. 또는 "나는 평범한 인생은 싫어. 개성 있는 인생을 살고 싶어."라고 하면서 허세를 부리게 된다. 살아갈 수 있는 에너지가 없기 때문에 끊임없이 자극을 원하는 것이다. 이런 사람은 불안한 마음 때문에 끊임없이 노력하거나 움직이고 있을 뿐, 에너지가 넘치는 사람이 아니다. 본질적으로는 무기력한 사람과 마찬가지다.

자신의 잘못된 삶을 인정하는 것과 자신을 부정하는 것은 의미가 다르다. 자신의 과거를 부정하는 사람은 스스로를 신뢰할 수 없다. 그렇기 때문에 또 이상한 사람을 만나고 그 유혹에 빠져 불행한 집단에 발을 들여놓는 것이다. 인생을 행복하게 살기 위해 중요한 것은 어떤 사람을 만나는가 하는 것이다.

사람은 학교를 선정할 때나 진로를 결정할 때에 엄청난 에너지를 사용한다. 취직할 때도 마찬가지다. 취업 활동에 에너지를 아끼지 않는다. 물론 인간관계에도 많은 에너지를 사용해야 한다.

하지만 평범한 일상에 감사할 줄 모르는 사람은 인간관계에 에너지를 사용하지 않는다. 오직 큰 성공을 위해서만 에너지를 사용한다.

행복을 얻기 위해서는 학교나 회사를 선택하는 것보다 '누구를 만나는가' 하는 것이 중요하지만, 평범한 일상에 감사할 줄 모르는 사람은 이런 문제에는 에너지를 거의 사용하지 않는다. 인간의 행복이 인간관계로 결정됨에도 불구하고 말이다.

행복해지기 위해 에너지를 어떻게 사용해야 좋을까? 그리고 평범한 일상에 감사할 줄 아는 마음을 어떻게 갖추어야 할까? 이 책에서는 이 문제도 깊이 생각해 보았다. 대부분의 사람은 평범한 일상을 매우 당연하게 생각한다. 그 오만함이 불행을 부른다. 즉, 육지로 올라온 거북처럼 되는 것이다.

매일 평범한 일상에 감사하면서 행복감을 맛보는 생활 태도가 행복을 여는 열쇠임에도 불구하고, 자신의 그릇을 지나치게 크게 보이려고 하면 행복을 얻을 수 없다. 작은 일들을 하나하나 확실하게 처리하다 보면 자신의 위치를 판단할 수 있는 능력이 갖추어지지만 신경질적인 사람이나 정서적으로 성숙하지 못한 사람에게는 이것이 매우 어려운 일이다. 이들은 화려한 언행을 구사하여 주변 사람들에게 주목을 받으려 하다 오히려 빈축을 사곤 한다. 매일 꾸준히 노력해야 한다는 사실을 잊어버린 채로 살고 있기 때문이다.

셋째, 자신의 위치를 확인하는 것이다.

이것은 평범한 일상에 대한 감사, 이상한 사람과의 만남과 관련된 문제다. 즉, 자신이라는 존재가 어떤 방식으로 지탱되고 있는지 깨닫는 것이다.

사람은 여러 가지 실수를 저지른다. 중요한 점은 자신이 저지른 실수를 있는 그대로 받아들여야 비로소 자신을 신뢰할 수 있다는 것이다. 자신의 잘못된 삶까지 포함해서, 자신과 관련된 모든 것을 있는 그대로 받아들일 수 있어야 비로소 자신을 신뢰할 수 있다.

불교에 "내가 곧 부처"라는 말이 있다. 죄도 선행도 포함하여 '내가 곧 부처'인 것이다. '번뇌즉보리煩惱卽菩提'라는 말도 있다. 번뇌 때문에 고민하고 있는 자신의 모습 자체가 보살이라는 말이다. 그러나 '내가 곧 부처'라고 해서 자신의 위치를 잊어도 된다는 말이 아니다. 자신의 잘못된 삶이 옳다는 말도 아니다. 자신의 잘못된 삶을 깨닫고 인식해야 한다는 뜻이다.

"이런 잘못을 저지른 내가 고민에서 벗어날 수는 없는 건 당연해."라는 마음으로 자신의 원점과 위치를 이해하는 것이다. 즉, 오만하거나 과욕을 부려서는 안 된다는 뜻이다. 오만하지 않은 사람, 과욕을 부리지 않는 사람은 자신의 약점을 잘 알고 있다. 그러나 나무 그늘의 고마움을 모르는 사람과 같은 태도로 살다 보면 늘 불만에 차 있게 되고, 삶의 에너지를 잘못된 쪽으로 사용한다.

따라서 이 책에서는 '나는 지금, 어떤 대상에 에너지를 사용하는 것이 바람직한가? 또 그 에너지를 사용해야 할 적절한 시기는 언제인가?' 하는 점에 대해서도 다루었다.

마지막으로, 이 책이 나오기까지 애써 주신 많은 분들께 이 자리를 빌려 감사의 말씀을 드린다.

가토 다이조

불안에 사로잡힌 당신에게

초 판 1쇄 발행 2014년 8월 6일
개정판 1쇄 발행 2024년 9월 12일

지은이 | 가토 다이조
옮긴이 | 이정환
펴낸이 | 한순 이희섭
펴낸곳 | (주)도서출판 나무생각
편집 | 양미애 백모란
디자인 | 박민선
마케팅 | 이재석
출판등록 | 1999년 8월 19일 제1999-000112호
주소 | 서울특별시 마포구 월드컵로 70-4(서교동) 1F
전화 | 02)334-3339, 3308, 3361
팩스 | 02)334-3318
이메일 | book@namubook.co.kr
홈페이지 | www.namubook.co.kr
블로그 | blog.naver.com/tree3339

ISBN 979-11-6218-317-5 03180

*값은 뒤표지에 있습니다.
*잘못된 책은 바꿔 드립니다.
*이 책은 《나는 내가 아픈 줄도 모르고》의 개정판입니다.